職場健康紀錄

500 句型

楊慎絢——著

目錄

前言

如何書寫「職場健康紀錄」

　　《職業安全衛生法》2013年公告，2014年施行，其中第6條新增雇主對職業促發腦心血管、肌肉骨骼等疾病需採預防措施，第20、21、22條則分別規範勞工健康檢查、健康管理，以及執行「勞工健康保護」措施的人員（表一、二）。

　　　執行「勞工健康保護」需做成紀錄、簽章並標註日期。《勞工健康保護規則》「勞工健康服務執行紀錄表」明列固定的格式，執行的紀錄內容分為六部分：一‧作業場所基本資料、二‧作業場所與勞動條件概況、三‧臨場健康服務執行情形（辦理事項、發現問題）、四‧建議採行措施（針對發現問題所採行之措施）、五‧對於前次建議改善事項之追蹤辦理情形、六‧執行人員及日期。

這種紀錄有別於病歷紀錄，因為不僅要看個人，也要看群體，還要看作業流程與工作環境。這種書寫格式也有別於事故報告，因為不僅要紀錄案情，也要調查事件關連性，還要提出預防措施。通常，醫療人員的臨床訓練著重在人的個體照顧，病歷書寫偏重症狀的描述，病程的進展到現在，就此停住。但是「勞工健康服務執行紀錄」需要辨識工作環境的危害因子，評估高風險的勞工，並提出未來的改善建議。因此，執行紀錄需要注意「主詞」與「時態」；作業流程紀錄完整，才能掌握危害特性；瞭解工作型態與時間，才能評估身心負荷。

至於如何書寫「職場服務紀錄」，可先從「主詞、副詞、作業、語態、修辭、建議的時機、關鍵字」這七個面向說明。

一、主詞

職場服務紀錄的主詞要明確表明是群體或個體，例如：健康諮詢與選配工的對象是「個人」；健康促進策劃與施行的對象是「群體」；辨識與評估工作製程的對象是「人與環境」（表A）。

（1）「群體」做為主詞，用於健康檢查結果之整體

分析與評估，職業健康相關高風險勞工之評估，職業健康之相關研究報告，健康促進等措施之策劃及實施，定期向雇主報告及勞工健康服務之建議。

（2）「個體」做為主詞，用於選配勞工從事適當工作，健檢異常之追蹤管理，工作相關傷病、健康諮詢與急救，復工勞工之職能評估、職務再設計或調整。

（3）「環境」做為主詞，用於辨識評估工作場所之危害因子，提出作業環境安全衛生設施改善規劃之建議。

（4）主詞為「人與環境」，用於調查勞工健康情形與作業之關連性，採取必要之預防及健康促進措施。

二、副詞

「經常出差、工作內容經常變更」的「經常」是指1/3～2/3的工作時間，「偶爾」是少於1/3的工作時間，「總是」指超過2/3的工作時間。「斷續性作業」是指一半以下的工作時間，「持續性作業」是指一半以上的工作時間。輕度工作、中度工作、重度工作、極重度工作，分別是指工作時間「經常」需要搬重10磅（4.54公斤）、10～25磅、25～50磅、50磅以上的重物；或是「偶爾」需要搬重20磅、20～50磅、50～100磅、100磅以上的重物。

「偶爾」需要搬重10磅，則屬於靜態工作。「總是」需要搬重10磅、10～20磅、20磅以上的重物，分別屬於中度工作、重度工作、極重度工作（表B）。

三、作業

作業流程的紀錄方式（表C），依現場狀況或紀錄者的習慣，通常有幾種方法：

（1）由大而小：先概述大場景，再描寫小細節。

（2）由多而少：從群體中先找出共同的動作，再比較個別的差異。

（3）由靜而動：從連續動作中找出停格的起始點，再開始計算頻率與周期。

（4）由進而出：跟著走一趟作業動線，確認進料入口與成品出口。

（5）由裝到卸：瞭解組裝的流程，並詢問卸件的工具。

（6）動態作業：區分人工、手工、推拉作業，以關鍵指標法評估荷重、姿勢、工作環境。先瞭解分組人數、輪班頻率，再從產量回推每人的工作時量。

（7）靜態作業：可依順時針方向或由左而右，紀錄

個別工作內容。

（8）坐姿作業：測量工作桌椅高度、眼睛高度、電腦螢幕中心點高度，以及眼睛到電腦螢幕的距離與夾角。另紀錄椅面的長寬、椅背的傾斜度、座椅扶手的高度，以及文件與鍵盤的擺設位置。

四、語態

書寫健康摘要，動詞時態使用過去式或現在式；工作評估則為現在進行式。對於未來環境的改善建議，以及工作調整的建議，通常使用「假設語氣」（表D）。

因為選配勞工從事適當之工作，是提供意見給雇主「參採」，因此「修辭與語態」就很重要，需要兼顧員工的健康與工作權。

五、修辭

「考量不適宜從事」的語氣較緩和，「建議不適宜從事」的語氣較重。「不宜從事」、「不應從事」、「限制從事」、「不得從事」、「禁止從事」、「絕對禁止從事」的語氣逐漸加重。舉例說明如下：「若有心悸胸悶等

不適症狀，建議暫不適宜從事重體力勞動作業」、「若心律不整頻率增加，建議限制從事輪班作業」、「因冠狀動脈疾病術後，若未戒菸且未定期門診追蹤，絕對禁止從事長期夜間工作。」

六、建議的時機

工作場所的環境改善，可能需要編列經費，或者需要整體規劃，因此建議先擬訂「職業安全衛生法預防計畫」（表三）與「勞工健康服務計畫」（表四）。實際執行時，列出建議方案，提供參採。通常，先肯定再提出建議。並慎選建議的時機，寫入「勞工健康服務執行紀錄表」的第四項「建議採行措施」、「勞工一般健康檢查紀錄」的第八項「應處理及建議事項」，以及「復工評估單」與「工作調整評估報告書」，或列席職安委員會報告（表E）。

後續追蹤的機制，可依據勞工健康服務計畫書，評估「人因性危害、異常工作負荷、身心不法侵害預防、職場母性保護」四大計畫的執行成效及改善措施。

七、關鍵字

選工、配工與復工，首重「勞工健康保護」與「就業權益」的平衡點。必須引經據典說明保護規則、實施辦法、預防指引、管理計畫、表格評估，完成「面談結果及採行措施表」的關鍵選項：縮短工作時間、更換工作型態、變更作業場所（表F）。例如：噪音作業建議縮短噪音暴露時數。心血管疾病術後建議限制加班、出差與輪班。創傷後壓力症候群建議休假。

《勞工健康保護規則》資訊交流站
（法規與時俱進，需時時磨快擦亮）

表A　勞工健康服務紀錄的「主詞」：群體、個體、環境、人與環境	
1.群體	第9條（一）勞工體格（健康）檢查結果之分析與評估、健康管理及資料保存。
	第9條（四）辦理未滿十八歲勞工、有母性健康危害之虞之勞工、職業傷病勞工與職業健康相關高風險勞工之評估及個案管理。
	第9條（五）職業衛生或職業健康之相關研究報告及傷害、疾病紀錄之保存。
	第9條（六）勞工之健康教育、衛生指導、身心健康保護、健康促進等措施之策劃及實施。
	第9條（八）定期向雇主報告及勞工健康服務之建議。
2.個體	第9條（二）協助雇主選配勞工從事適當之工作。
	第9條（三）辦理健康檢查結果異常者之追蹤管理及健康指導。
	第9條（四）辦理未滿十八歲勞工、有母性健康危害之虞之勞工、職業傷病勞工與職業健康相關高風險勞工之評估及個案管理。
	第9條（七）工作相關傷病之預防、健康諮詢與急救及緊急處置。
	第10條（四）提供復工勞工之職能評估、職務再設計或調整之諮詢及建議。
3.環境	第10條（一）辨識與評估工作場所環境、作業及組織內部影響勞工身心健康之危害因子，並提出改善措施之建議。
	第10條（二）提出作業環境安全衛生設施改善規劃之建議。
4.人與環境	第10條（三）調查勞工健康情形與作業之關連性，並採取必要之預防及健康促進措施。

表B　勞工健康服務紀錄的「副詞」：偶爾、經常、總是			
工作強度	偶爾	經常	總是
（工作時間）	<1/3	1/3～2/3	>2/3　（工作姿勢）
靜態工作	4.5公斤（10磅）	極輕	極輕　坐姿，偶站或走
輕度工作	9.1公斤（20磅）	4.5公斤	極輕　1.需稍站或走，2.坐姿時，需手或腳控下推/拉，3.需工作速度時，可推/拉極輕的物體
中度工作	9.1～22.7公斤（20～50磅）	4.5～11.3公斤	極輕～4.5公斤　超過輕度工作生理需求（需工作速度時，可推/拉極輕～4.5公斤物體）
重度工作	22.7～45.4公斤（50～100磅）	11.3～22.7公斤	0～4.5公斤　超過中度工作生理需求
極重度工作	>45.4公斤（100磅）	>22.7公斤	>9.1公斤　超過重度工作生理需求

（參考資料：《復工工作服務指引》陳月霞）

表C 勞工健康服務紀錄的「作業流程」	
1	主詞：群體、個體、環境（場所：先靜後動，流程：由進到出）
	如何紀錄「分析作業流程、內容及動作」
	（1）.由大而小，由多而少，先靜後動，由進到出
	（2）.由裝到卸，或由左而右，順時針，紀錄作業流程
	（3）.（分組/人數/輪班/產量）x（荷重+姿勢+環境）
法源	第10條（一）辨識與評估工作場所環境、作業及組織內部影響勞工身心健康之危害因子，並提出改善措施之建議。

表D　勞工健康服務紀錄的「語態」：現況描述、建議措施	
1. 現況描述 （辦理事項、發現問題）	第9條（一）勞工體格（健康）檢查結果之分析與評估、健康管理及資料保存。
	第9條（四）辦理未滿十八歲勞工、有母性健康危害之虞之勞工、職業傷病勞工與職業健康相關高風險勞工之評估及個案管理。
	第9條（五）職業衛生或職業健康之相關研究報告及傷害、疾病紀錄之保存。
2. 建議 （個人）	第9條（三）辦理健康檢查結果異常者之追蹤管理及健康指導。
	第9條（七）工作相關傷病之預防、健康諮詢與急救及緊急處置。
3. 建議 （職場）	第9條（二）協助雇主選配勞工從事適當之工作。
	第9條（六）勞工之健康教育、衛生指導、身心健康保護、健康促進等措施之策劃及實施。
	第9條（八）定期向雇主報告及勞工健康服務之建議。
	第10條（一）辨識與評估工作場所環境、作業及組織內部影響勞工身心健康之危害因子，並提出改善措施之建議。
	第10條（二）提出作業環境安全衛生設施改善規劃之建議。
	第10條（三）調查勞工健康情形與作業之關連性，並採取必要之預防及健康促進措施。
	第10條（四）提供復工勞工之職能評估、職務再設計或調整之諮詢及建議。

表E 勞工健康服務紀錄的「如何表達建議」：語態、時機、對象、追蹤		
1. 語態	假設式語句	第9條（二）協助雇主選配勞工從事適當之工作。
	未來進行式	第10條（一）辨識與評估工作場所環境、作業及組織內部影響身心健康之危害因子，並提出改善措施之建議。
	肯定後建議	第10條（二）提出作業環境安全衛生設施改善規劃建議。
2. 建議的時機	（附表七）「四、建議採行措施」	
	（附表十一）「八、應處理及建議事項」	
	「復工評估單」或「工作調整評估報告書」	
3. 對象	雇主或代理雇主	第9條（五）職業衛生或職業健康之相關研究報告及傷害、疾病紀錄之保存
	職安委員會	第9條（八）定期向雇主報告及勞工健康服務之建議
4. 追蹤	改善前	第9條（五）職業衛生或職業健康研究報告及保存
	改善後	第9條（八）定期向雇主報告及勞工健康服務之建議

表F　勞工健康服務紀錄的「關鍵字」：選工、配工、復工			
Q. 如何評估「選工、配工、復工」（一般工作，工作限制，需休假） A. 首重「勞工健康保護」與「就業權益」的平衡點。			
表 格	1*	（附表七）「四、建議採行措施」	
		（附表十一）「八、應處理及建議事項」	
	2*	（附錄三）：「面談結果及採行措施表」	
		+「復工評估單」或「工作調整評估報告書」	
	3*	（附錄二）母性健康保護面談紀錄	
		（附表四）妊娠及分娩後未滿一年勞工之工作適性安排建議表	
關 鍵 字	縮短工作時間	更換工作（型態）	變更作業場所
		轉調部門，降低職務負擔	身心負荷（人際），特殊作業
	縮減職務量： （1）.縮減工作時間 （2）.縮減業務量	工作限制： （1）限制加班（不得超過　小時／天） （2）週末或假日之工作限制（每月　次） （3）出差之限制（每月　次） （4）夜班工作之限制（輪班工作者）（每月　次）	
*1.勞工健康保護規則 *2.異常工作負荷促發疾病預防指引（二）2019.4 *3.工作場所母性健康保護技術指引（二）2021.2			

A

勞工健康服務執行紀錄表

一

作業場所基本資料

「一‧作業場所基本資料」與「二‧作業場所與勞動條件概況」通常由事業單位提供，再由現場實際執行者補充。例如：特別危害健康作業的類別列出「游離輻射作業3人」、「鉛作業9人」。如果不屬噪音作業，但環境吵雜，就在「二‧作業場所與勞動條件概況」之危害特性概述，註明「有噪音危害之虞」。

「一‧作業場所基本資料」的「部門名稱」，通常是寫當次服務地點的部門，例如：總公司或桃園營業所。如果事業分散於不同地區，當次服務運用視訊等方式進行，則寫總公司另標註視訊諮詢若干人。

「一‧作業場所基本資料」的「作業人員」，分為「行政人員」與「現場操作人員」，分別填入男女人數。「行政人員」如果是「非屬女性勞工母性健康保護實施辦

法第3條至第5條適用範圍」，可依據《工作場所母性健康保護技術指引》，填寫「附表一：作業場所危害評估及母性健康保護採行措施」，評估「風險等級」是否為「無」，或是第一、二、三級管理。

　　「一・作業場所基本資料」的「作業類別」，分為「一般作業」與「特別危害健康作業」，分別填入作業人數。事業單位之同一工作場所，應視其規模及「性質」辦理規定次數的臨場服務；事業依性質分為三類，第一類（高風險）事業，例如：礦業及土石採取業、營造業；第二類（中風險）事業，例如：農林漁牧業、醫療保健服務業；第三類（低風險）事業：其他。

二

工作流程（製程）

　　「工作流程（製程）、工作型態與時間、人員及危害特性概述」，依據各類行業與不同部門分別書寫，再根據工作型態與時間列出各類工作人員的危害特性。「工作製程」可先查詢公司網站，瞭解組織架構與作業產品，或查詢勞動部的「行業職業就業指南」，瞭解產業特性，再至現場訪視，辨識與評估工作場所的危害因子，提出改善建議，寫入「辦理事項、發現問題」，以及「建議採行措施」。

　　書寫作業流程與工作內容，要有邏輯性與節奏感，例如：先問產線主管，物料怎麼進來，產品如何出去，中間經過幾個站。再分別到各站觀察與請教同仁是以坐姿或站姿工作為主；若是站姿作業，再詢問是否需要搬移或推拉物料，以及重量與頻率。

因為員工出入口有別於物料與產品的進出口，因此進入工作區，首先環視四週，選擇紀錄作業流程的方式：先靜後動，由大而小，先全面描述再分解動作。由進到出，由組裝到卸料紀錄作業流程。若不是生產動線的複合型工作區，則由左而右，或順時針紀錄工作內容。詢問分組與輪班方式，每組人數以及產量，再根據荷重、姿勢與環境，推估人因負荷。

一、工作型態與時間

臨場服務通常只看到固定的日班，因此還需要詢問輪班的工作型態，瞭解工作時間。舉例說明：三班制（日班8:00-16:00，小夜班16:00-24:00，大夜班24:00-8:00），四班二輪（日班7:30-19:30，夜班19:30-7:30，有的職場單數週做四休三，雙數週做三休四，兩個月後日夜換班），有的四班二輪是連續日班2天接夜班2天，再休2或3天。

二、工作流程：從左到右

《初評》走進售票亭的內門，工作區約三坪，現場人員一人，ㄇ字型工作桌（桌高82公分）有三座電腦，

由左至右，電腦螢幕中心點的高度分別為133、110、105公分（作業時間分別為6/10、3/10、1/10），椅高48公分（無椅背）坐姿眼睛高度115公分，站姿眼睛高度146公分，視距60-70公分。若以站姿操作左側的電腦（作業時間6/10）俯視視角約40度，若以坐姿操作需仰視視角約30度。若使用高腳椅（椅高約70公分），可調降視角，但工作人員坐在高腳椅上，無法打開抽屜（下緣高度62公分）。

《複評》一個月後追蹤，售票亭已增設可調高度之旋轉椅（有椅背、底附滾輪），現場實測椅面高54公分，坐姿仰角15～20度，可避免肩頸不適。

三、工作流程：由進到出

觀察「工作場所與作業流程」，書寫紀錄建立「標準作業流程」。以停機坪的油栓服務車作業為例，分為四個步驟，先描述靜態再動態；動態作業則由進到出、由裝到卸，再反向歸位。

1.《靜態描述》油栓服務車配置工作平台、安全索、導地線，以及溢油工具箱與吸附棉，作業現場放置紅色警示三角錐，工作人員佩帶反光背心與耳罩個人防護具。

2.《由進到出》油車到達定點，以三角木架前後固定車輪，啟動控制桿放下長型油管，油管底部的滾輪著地後，再推拉油管至定點，打開地面金屬蓋。

3.《由裝到卸》油車的安全索連接出油口的油栓閥，導地線連接至機身的機輪架，工作人員再走梯道至工作平台，工作平台外圍防護柵欄，油管再連接機翼的加油接頭。

4.《反向歸位》加油完畢，反程序操作，再繞車環視，指向確認設備歸位。

四、工作流程：由裝到卸

針對「調車作業安全與危害防制」，現場訪視工作環境，評估作業流程包括：在車廂之間摘解及連掛車輛聯結器、氣軔軟管、電器聯結器及聯結線等項工作。

《連掛流程‧1》確認車輛聯結器已經「軸開」且位於正中位置。氣軔軟管、電器聯結器及聯結線均放置定位，且渡板已掀起。

《連掛流程‧2》確認機車與客車間隔2公尺，調車員需站在司機員同側，並以無線電對講機與司機員保持聯繫，確認雙方均在視線範圍內；調車員右手執綠旗，左手

執紅旗，以約定的旗語，且口吹哨子，傳遞車輛連掛啟動與停止訊息。

《連掛流程‧3》連掛車輛聯結器之後，再進行連掛氣軔軟管、電器聯結器及聯結線。特別說明：卸下電器聯結器，需由外而內，且外側的聯結線置於下方，內側的聯結線置於上方，有助於裝卸流程的順暢；裝上電器聯結器，需由內而外，且手腕需以U型方式撐握電器聯結器，若以手腕手指圈握電器聯結器，手指易遭撞擊。

《連掛流程‧4》連掛氣軔軟管的過程，左上肢需前伸90度以左手緊握客車的氣軔軟管，右肘彎曲45度右手出力握住機車的氣軔軟管，套掛上另一端接頭。

《連掛流程‧5》卸下電器聯結器的過程，需以蹲姿打開固定鎖，手部緊握客車的電器聯結器，取下後放置地面。裝上電器聯結器的過程，亦需彎腰握取放置在地面的電器聯結器，套掛上接頭，再加固定。每次連掛作業需裝卸四個電器聯結器。

五、工作流程：一人多項作業（人工、推拉到手工）

《人因負荷評估》評估作業流程與工作內容。工作型態：員工以站姿領用物料、安置、檢查與歸位的行走

動線約50公尺，每件物料重<5公斤，三層領用架的高度約100、70、40公分。每人每班搬移總次數若為60次，以《關鍵指標法：KIM人工物料作業、推拉作業、手工物料作業檢核表》評估「風險等級」分別為2、1、1。

《關鍵指標法：KIM人工物料作業檢核表》員工領用物料與歸位的「人因危害風險等級」：

（a）單人操作，工作日總次數若為60次，「時間評級」為4。

（b）物件荷重<5公斤，「荷重評級」為1。

（c）身軀微向前彎，「姿勢評級」為2。

（d）活動空間足夠，「工作狀況評級」為0。

評估「風險等級」為2。

《關鍵指標法：KIM推拉作業檢核表》員工推拉物料車的「人因危害風險等級」：

（a）單人操作，工作日若一天來回總距離<300公尺，「時間評級」為1。

（b）推拉可轉動的四輪推車，若荷重60（5x12）公斤，「荷重評級」為1。

（c）推拉動作慢（＜0.8M/S），方向須變換，「定位準確度」為2。

（d）身軀直立，不扭轉，「姿勢評級」為1。

（e）工作地面平坦，「工作狀況」為0。

評估「風險等級」為1。

《關鍵指標法：KIM手工物料作業檢核表》員工手持物料檢視的「人因危害風險等級」：

（a）總作業時間若為1小時，「時間評級」為1。

（b）手持物料檢視（力量低，時間15-4秒/分），「手部施力評級」為1。

（c）工件容易抓握，「抓握條件評級」為0。

（d）關節活動不定期達範圍極限，「手/臂位置評級」為1。

（e）適當休息，「工作協調評級」為0。

（f）室內工作條件固定，「工作條件評級」為0。

（g）坐姿身略前傾，「身體姿勢評級」為1。

評估「風險等級」為1。

六、工作流程：多人共同作業

以「關鍵指標法：手工物料作業、人工物料作業檢核表」評估車下作業（四人一組）的「人因危害風險等級」。A. 更換主風泵軟管、B.「拆卸動力模組」（動力模組：68公斤/組），作業流程：（1）兩根鐵管架在「油壓升降推車」的滾輪平台，（2）頂起模組，（3）兩根鐵管平放，模組移至鐵管，（4）抽出鐵管，模組放置滾輪平台。C.「安裝動力模組」（動力模組：68公斤/組），作業流程：（1）油壓升降推車抬舉模組，（2）模組底部置入兩根鐵管，（3）右側鐵管移至模組中央底部，（4）頂高左側模組，滑入定位，（5）卸除鐵管，降低「油壓升降推車」滾輪平台，（6）固定確檢模組。

七、站姿作業

機台的工作區檯面高度143公分，電腦螢幕中心點高度163公分，機台下方的工作櫃檯面高度82公分，機台旁桌面高度108公分。員工取物件放置機台，機台再以裁刀自動修邊。每箱約20-40片，可分批取出，每班約640-750片。

《關鍵指標法：KIM手工物料作業檢核表》評估：

（a）總作業時間若為7小時，「時間評級」為4。

（b）置入作業（力量低，時間15-4秒/分），「手部施力評級」為1。

（c）工件容易抓握，「抓握條件評級」為0。

（d）關節活動中等範圍，「手/臂位置評級」為0。

（e）鮮少變化，「工作協調評級」為1。

（f）室內工作條件固定，「工作條件評級」為0。

（g）無扭轉，頭部姿勢可變動，「身體姿勢評級」為0。

評估「風險等級」為1。

三

臨場健康服務執行情形
（辦理事項、發現問題）

  《勞工健康保護規則》第9條至第10條的服務對象，包括：個人、群體、環境，以及探討人與環境的互動。舉例說明：

  【**主詞是群體**】第9條（一）：「勞工體格（健康）檢查結果之分析與評估、健康管理及資料保存」是職場群體資料的分析。

  【**主詞是個人**】第9條（二）：「協助雇主選配勞工從事適當之工作」是個人的選工與配工。

  【**主詞是環境**】第10條（一）：辨識與評估工作場所之危害因子。

  【**主題是人與環境的互動**】第10條（三）：調查勞工健康情形與作業之關連性。

《勞工健康保護規則》第9條主要是「醫護人員及健康服務人員臨場服務」的九個執行事項，第10條主要是「醫護、健康服務人員、職安衛、人力資源人員訪視現場」的五個執行事項（表五）。第11條的重點是「勞工健康服務計畫與執行紀錄」。說明如下：

一、醫護人員及健康服務人員臨場服務

　　職場健康促進有別於社區健康促進；社區健康促進的理念源自渥太華憲章，推動職場健康還要再加上法規與罰則；社區民眾可選擇參與活動，但職場的成員相較固定，且須遵循安全衛生工作守則；社區的健康議題需要問卷調查，職場的健康議題可直接分析健檢報告，評估職業相關的高風險族群，做為健康促進與管理的優先對象。

　　1.【健檢之分析與評估、健康管理及資料保存】
　　【案例一：異常工作負荷促發疾病之預防】以金融業230人的職場為例：
　　（1）分析2020年度健檢資料與「過勞量表」合計230位員工：男性106人，女性124人，「十年心血管疾病風險」估算為低度風險者（＜10％）179人，中度風險

（10%～<20%）37人、高度風險（≧20%）14人。高血壓前期85人、第一期高血壓28人、第二期高血壓6人、第三期高血壓2人。BMI分級：過重63人、輕度肥胖33人、中度肥胖10人、重度肥胖1人，代謝症候群41人，吸菸26人，以上資料可做為規劃健康促進參考。

（2）以「過勞量表」、工作時間與工作型態，評估「工作負荷」為低負荷147人、中負荷68人、高負荷15人。

（3）綜合判定，「職業促發腦心血管疾病風險」為低度風險111人，中度風險113人，高度風險6人，建議面談31人，需要面談6人。

【健康管理之工具箱】

（1）職安署「勞工健康照護資訊平台」的weCare（職場健康服務管理系統），以「出生年月日」取代原設計iCare的「年齡」，當50、55、60歲……生日那天，心血管疾病風險自動加分。

（2）「抽菸習慣」欄位，若是「從未吸菸」，必須要填入「無」，此欄位若填入任何其他文字，weCare都會視為「有抽菸習慣」，導致高估心血管風險。

（3）weCare分析飯前血糖的資料，僅用於「代謝症

候群」與「三高族群」之計算，不作為判斷是否罹患糖尿病之依據。若「既往病史」欄位出現「糖尿病」這個關鍵字，weCare才會列入計算。

（4）Q.使用weCare估算「心血管風險」，戒菸多久，才視為「無吸菸」？

A.所有吸菸者或在評估前一年內戒菸者都視為吸菸者。（戒菸滿一年，才視為無吸菸。）

【案例二：重複作業促發肌肉骨骼疾病之預防】以倉儲業544人的職場為例：

（1）分析2020年度544位員工自填之「肌肉骨骼症狀」問卷，男性513人，女性31人，慣用右手509人，慣用左手35人，身高平均171公分，體重平均73公斤。544位員工其中146人出現肌肉骨骼不適症狀，各部位的疼痛程度（0：不痛，1：微痛，2：中等疼痛，3：劇痛，4：非常劇痛，5：極度劇痛）平均值分別為：頸部0.16分、左肩0.15分、左肘/左前臂0.08分、左腕0.09分、左臀/左大腿0.08分、左膝0.13分、左腳踝/左腳0.10分、上背0.13分、右肩0.16分、右肘/右前臂0.08分、右腕0.11分、下背0.19分、右臀/右大腿0.08分、右膝0.14分、右腳踝/右腳0.08分。

（2）「肌肉骨骼症狀」任一部位的疼痛程度達3分

以上者15人。針對疼痛程度分數較高者（例如：A君、B君、C君、D君、F君分別有15、10、5、3、1個部位的疼痛程度達3分以上），依優先排序至現場評估作業環境與工作流程。

2.【協助雇主選配勞工從事適當之工作】

【案例一：異常工作負荷促發疾病之預防】營造業新進員工30人的配工為例：

（1）「營造業工地監造人員、建築及工程技術服務業監造人員、事業單位首長主管及獲配車之駕駛」屬「勞動基準法第84條之1」核定之工作者，職醫以職安署網站提供的統計軟體，分析公司最近一季30位新進員工之年度健檢資料，合計：男性27人，女性3人，「十年心血管疾病風險」估算為低風險者（<10%）30人，中度風險（10%～<20%）0人、高度風險（≧20%）為0人。〈1.〉若每月加班45-80小時，「工作負荷」為中負荷，綜合判定「職業促發腦心血管疾病風險」為高度風險0人，中度風險（1分）30人。〈2.〉若每月加班>80小時，「工作負荷」為高負荷，綜合判定「職業促發腦心血管疾病風險」為高度風險0人，中度風險（2分）30人。〈3.〉目前評估均可擔任「勞動基準法第84條之1」核定之工作（表

六），但需健康管理定期追蹤。

【案例二：新進員工之健康管理】（1）如果新進員工未繳交體格檢查報告，另以健康衛教方式通知補繳，並留下書面紀錄，進行健康管理（表G）。（2）根據勞工健康保護規則，雇主對在職勞工，應定期實施一般健康檢查：40-65歲每三年檢查一次，<40歲每五年檢查一次。距前次檢查未逾定期檢查期限，經勞工提出證明者，得免實施。新進同仁如果提出未逾定期檢查期限的健檢報告，建議仍需完成「健康檢查紀錄」自填「既往病史」、「生活習慣」、「自覺症狀」，並在姓名欄位親自簽名，以建立基本資料，作為後續追蹤管理的參考。

表G 健康衛教簽到單（範例）			
	健康指導	簽名	日期
1	請補繳新進員工體格檢查報告		

3.【健檢異常者之追蹤管理及健康指導】

【案例一：異常工作負荷促發疾病之預防】以中高風險的員工為例：

（1）依據風險評估與健康管理分級，排定優先次序，規劃個別健康指導。並以電子郵件或書面通知：A先生您好，根據您的2020年健檢報告，估算10年心血管疾病風險、高血壓分級、BMI分級、代謝症候群分類等項，結果如附件。因十年心血管疾病風險為37%，建議安排醫療諮詢或門診追蹤，請電話聯絡分機○○○。

（2）「十年心血管疾病風險」屬高度，說明心血管疾病的防治：飲食控制，避免過度油膩的食物，定期量測血壓與紀錄，高風險者每3-6個月追蹤危險因子，中度風險者每6-12個月追蹤危險因子，戒菸戒酒，規律生活，適度運動。

（3）過勞量表為中高負荷者，建議找出生活的壓力源，進一步的調適自己，增加放鬆與休息的時間；並找出工作的壓力源，增加職能，並學習壓力管理技巧，以提高工作滿意度。

（4）「職業促發腦心血管疾病風險」〈1.〉低度風險者：以電子郵件或書面通知勞工「個人注意事項」，並建議勞工維持規律生活，保持良好生活習慣，及定期接受健康檢查（提醒下一次健康檢查之時間）。〈2.〉中度風險者：由醫護人員親自以口頭方式告知勞工「個人注意事項」。〈3.〉高度風險者：建議醫療協助及改變生活型

態，工作限制或調整工作型態及休假，或作業環境改善等。每個月電子郵件或書面方式提醒注意事項。此外，建議每二至三個月定期以電話、電子郵件或書面方式提醒其注意事項之相關訊息，如健康促進活動之時間、相關疾病預防之資料等。

（5）參考「高血壓防治學習手冊」、「代謝症候群防治學習手冊」，製作衛教單定期關懷，並追蹤血壓紀錄，以及門診複診狀況。

【案例二：異常工作負荷促發疾病之預防】以高風險的個別員工為例：

《健康摘要》A先生年度健檢「心電圖：心房顫動，雙耳高頻聽力不佳」，血壓141/98毫米汞柱，空腹血糖與三酸甘油略高，過去病史：高血壓、高血脂，定期門診追蹤診治。曾因頭暈、胸悶、全身無力，約數十分鐘後恢復。《工作評估》目前安排常日班（8:00-17:00）。《健康評估》職醫評估兩上肢活動對稱正常，兩眼動眼活動正常，聽診輕度心雜音，心跳規律。《建議事項》（1）定期門診追蹤診治。（2）因高血壓、高血脂、心房顫動病史，建議避免輪班與夜間工作，避免重體力勞動工作。（3）注意交通動線安全。（4）若有不適，另約時段評估。

【案例三：噪音作業健檢管理】以噪音作業健檢的「第三級管理」為例（表H）：

（1）針對噪音作業健檢管理分級「第三級管理」33人，依據「三分法平均聽力值」與有無「兩耳凹陷」分為八類（a-h）。

（2）a、b、c、d、e組重新分級為第二級管理，建議至耳鼻喉科門診追蹤診治。

（3）f、g、h組10人安排接受聽力檢查複檢，複檢前至少休息40小時不暴露於80分貝以上噪音環境。

（4）職醫根據噪音作業健檢的健康管理分級標準，完成重新分級，說明如下：

1. 第三級管理10人安排複檢重新分級，其中8人的聽力圖未出現4K或6K凹陷，健康管理列為「第二級管理」，事業單位均須進行聽力防護計劃。另約時間提供個別健康指導說明如何配戴耳塞與耳罩，以及現場評估，採取危害控制及相關管理措施。建議耳鼻喉科門診追蹤診治，評估是否有中耳或內耳病變等複合性成因。

2. 第三級管理10位安排複檢重新分級，其中2人的聽力圖兩耳2K,3K,4K平均聽力閾值衰減值未超過10分貝，但出現兩耳對稱4K凹陷，健康管理列為「第四級管理」，事業單位須進行聽力防護計劃。另約時段提供個別健康指

表 H　年度噪音作業健檢健康管理分級			人數
a	三分法〔（0.5K+1K+2K）/3〕平均聽力值兩耳相差大於 15dB		
未出現 4K 或 6K 凹陷			
b	三分法〔（0.5K+1K+2K）/3〕平均聽力值 >25dB		
c	三分法〔（0.5K+1K+2K）/3〕平均聽力值 <25dB		
未出現「對稱性」4K 或 6K 凹陷，（兩耳凹陷差距 >10dB）			
d	三分法〔（0.5K+1K+2K）/3〕平均聽力值 >25dB		
e	三分法〔（0.5K+1K+2K）/3〕平均聽力值 <25dB		
出現 4K 或 6K 凹陷，（兩耳凹陷差距 <10dB）			
f	三分法〔（0.5K+1K+2K）/3〕平均聽力值 <25dB		
g	三分法〔（0.5K+1K+2K）/3〕平均聽力值 ≧ 25dB		
h	其他		
		合計	

導，並說明如何配戴耳塞與耳罩，以及現場評估，採取危害控制及相關管理措施，例如：縮短暴露在高噪音的作業環境。建議耳鼻喉科門診追蹤診治，評估是否有中耳或內耳病變等複合性成因。

4.【有母性健康危害之虞、職業傷病與職業高風險勞工之評估管理】

【案例一】（1）參考「優先管理化學品之指定及運作管理辦法」附表一：未滿十八歲及妊娠或分娩後未滿一年女性勞工具危害性之化學品98種，第二條第二款第一目（屬致癌物質第一級、生殖細胞致突變性物質第一級或生殖毒性物質第一級之化學品，並經中央主管機關指定公告）173種。合計98+173=271種，另以EXCEL檔提供比對。（2）並說明「改善及管理措施」〈1.〉工程控制：〈1A〉製程改善，〈1B〉設置通風換氣設備，〈1C〉其他（人因工程改善：KIM風險等級三四級改為二）。〈2.〉行政管理：〈2A〉工時調整：夜班改為日班，〈2B〉職務或工作調整：若於母性健康保護期間，安排工作調整，〈2C〉減少出差頻率。〈3.〉使用防護具：〈3A〉增加椅背墊，可適時起身活動可穿寬鬆衣服，〈3B〉佩戴耳塞或耳罩（落實聽力保護計畫）。〈4.〉其

他。

【案例二】根據「職場母性健康保護計畫」，評估1位女性員工的「母性健康保護工作場所環境及作業危害」，風險等級為「第一級管理」，健康管理分級為「第一級管理」，可繼續從事原工作，並說明工作與生活注意事項。

【案例三：異常工作負荷促發疾病之預防】針對長期夜間工作者19人之健檢總表，職業促發心血管疾病為「高風險者」1人屬需要面談，提供個別健康指導，並完成「職場健康過負荷評估單」，說明生活活動與工作注意事項，定期量測血壓與紀錄，飲食控制，已於醫院門診追蹤。另針對「低中度風險者」，提供個別健康指導。

【案例四：重複性作業促發肌肉骨骼疾病之預防】根據「人因工程肌肉骨骼傷害預防指引」，規劃期程依序完成「肌肉骨骼傷害人因工程改善管控追蹤一覽表」。共分為五步驟，說明如下：

（1）調查員工「肌肉骨骼症狀」。

（2）填寫「肌肉骨骼症狀調查與管控追蹤紀錄表」EXCEL檔。

（3）參考「肌肉骨骼傷病調查危害等級區分」，完成EXCEL檔「危害等級」等項，危害等級分為四級：1.無

危害、2.疑似有危害、3.有危害、4.確診疾病。改善策略分為三種：A.行政改善、B.人因工程改善、C.健康促進。危害因子分為五類：a.姿勢不良、b.過度施力、c.重複動作、d.振動衝擊、e.組織壓迫。

（4）完成「肌肉骨骼傷病調查一覽表」。

（5）完成「肌肉骨骼傷害人因工程改善管控追蹤一覽表」。

【案例五：肌肉骨骼疾病之預防 —— 手工物料作業、推拉作業人因評估】

（1）職醫、職護與職安人員至現場評估工作內容與作業流程。以「關鍵指標法：KIM人工物料作業檢核表」評估電動宰雞場A員工（38歲）的「人因危害風險等級」：

一隻雞約2.5公斤。物件荷重<5公斤，「荷重評級」為1。

活動空間地面略濕，「工作狀況評級」為1。

如果採電動處理，站姿可保持直立，身軀不需扭轉，「姿勢評級」1。

工作日總次數若500-1000次，「時間評級」為8。

以《關鍵指標法：KIM人工物料作業檢核表》評

估，「人因危害風險等級」為「中等負載」（1＋1＋1）
×8＝24。

但是，以上只要有任一項調高，立即成為「中高負
載」。

（實地量測工作同仁的眼高、肩高與肘高分別為
157、138與105公分，工作區140±15公分，工作姿勢可保
持直立，「姿勢評級」1。）

（2）關鍵指標法（KIM）人工物料、推拉作業、手
工物料檢核之評估項目，可參考「表I」。

（3）另以「風險等級：中等負載」為例說明「人工
物料」與「推拉作業」的評估方式（表J、表K）。

5.【職業健康相關研究報告及傷病紀錄之保存】

【案例一】追蹤管理肌肉骨骼相關症狀高風險的勞
工，分析一般員工骨骼肌肉症狀調查管控追蹤紀錄表。

【案例二】回顧本年度「異常工作負荷促發疾病預防
計畫」的採行措施，完成「預防輪班、夜間工作、長時間
工作等異常工作負荷促發疾病執行紀錄表」。

【案例三】針對「勞工健康服務計畫」的成效評
估，參考「預防輪班、夜間工作、長時間工作等異常工作

表I　關鍵指標法（KIM）人工物料、推拉作業、手工物料檢核之評估項目							
人因	檢核之評估項目 （人工物料風險值=（荷重 +姿勢 +工作狀況） x時間						
人工物料	荷重+				姿勢+	工作狀況	x時間
推拉作業	荷重+			定位準確+	姿勢+	工作狀況	x時間
手工物料	荷重+	抓握條件+	手部姿勢+	工作協調+	姿勢+	工作狀況	x時間
手工物料風險值=（荷重+ 抓握條件+手部姿勢+工作協調+姿勢+工作狀況）x時間							

1.風險值< 10 —低負荷，不易產生生理過載的情形。

2.風險值10 to <25 —中等負載，生理過載的情形可能發生於恢復能力較弱者。針對此族群應進行工作再設計。

3.風險值25 to <50 —中高負載，生理過載的情形可能發生於一般作業人員。建議進行工作改善。

4.風險值≧50 —高負載，生理過載的情形及可能發生。必須進行工作改善。

表J　關鍵指標法（KIM）人工物料處理檢核表──風險等級：中等負載（舉例）								
荷重		姿勢		工作狀況		時間		風險值
						抬舉或放置作業（< 5秒）		
男性實際負荷	評級點數	姿勢荷重位置	評級點數	工作狀況	評級點數	工作日總計次數	評級點數	
< 10 kg	1	軀幹微前彎或扭轉	2	足夠空間	0	500 to<1000	8	24
10 to<20 kg	2	上身直立不扭轉	1	空間受限	1	200 to<500	6	24
10 to<20 kg	2	低彎腰或前彎扭或過肩	4	足夠空間	0	40 to<200	4	24
20 to<30 kg	4	低彎腰或前彎扭或過肩	4	空間嚴重受限	2	10 to<40	2	20

表K 關鍵指標法（KIM）推拉作業檢核表──風險等級：中等負載（舉例）

荷重		定位精確度		姿勢		工作狀況		x 時間 短距（單趟<5m）		風險值
可轉動四輪推車	評級點數	定位精確/動作速度	評級點數	姿勢	評級點數	工作狀況	評級點數	工作日總次數	評級點數	
400 to < 600 kg	5	準確定位停止（<0.8 m/s）	2	同時彎腰及扭腰	8	複雜（斜坡>5°）	8	<10	1	23
400 to < 600 kg	5	準確定位快（0.8-1.3m/s）	4	同時彎腰及扭腰	8	困難（斜坡2-5°）	4	<10	1	21
200 to < 300 kg	3	準確定位停止（<0.8 m/s）	2	彎腰或前彎蹲	4	受限（斜坡達2°）	2	10 to< 40	2	22
100 to < 200 kg	2	準確定位停止（<0.8 m/s）	2	身微前彎或扭轉	2	良好（平坦）	0	40 to< 200	4	24
50 to < 100 kg	1	準確定位停止（<0.8 m/s）	2	上身直立不扭轉	1	良好（平坦）	0	200 to< 500	6	24
< 50 kg	0.5	滾至阻擋停止（<0.8 m/s）	1	上身直立不扭轉	1	良好（平坦）	0	500 to< 1000	8	20

表L　異檢率（歷年之健康檢查異常項目比較）
（1）.十年心血管風險
（2）.血壓分級
（3）.BMI分級
（4）.代謝症候群
（5）.個人疲勞
（6）.工作疲勞
（7）.職業促發腦心血管疾病風險

負荷促發疾病執行紀錄表」，列出執行成效之評估及改善：（1）參與健康檢查率＿＿％，（2）健康促進達成率＿＿％，（3）與上一次健康檢查異常結果項目比較，異檢率＿＿％（上升或下降），（4）環境改善情形（環測結果）。

6.【健康教育、衛生指導、身心健康保護、健康促進等策劃及實施】

【案例一】職業安全衛生教育訓練，說明「職業安全衛生法四大預防計畫及其他」內容包括：

（1）重複性肌肉骨骼疾病的防治，並示範柔軟操運

動。

（2）異常工作負荷預防計畫與實務，建議飲食與體重控制、適度運動：「運動333方案」建議運動量：每週3次，每次30分鐘，心跳每分鐘130次。

（3）職場身心不法侵害防制。

（4）母性健康保護，並提供衛教檔，可置於內部網站，做為職業安全衛生教育訓練教材。

【案例二】（1）針對「潛在職場暴力風險評估」，以「職場不法侵害預防之危害辨識及風險評估表」評估，並說明現有控制措施與降低風險控制措施：「外部暴力」已備門禁、監視器、警衛巡邏、緊急聯絡電話等預防措施，「內部暴力」另行教育訓練等預防措施。（2）針對「職場身心不法侵害預防」，提供「職安相關法規與案例處理實務（訪談技巧）」，另附錄音同意書、保密協定書、訪談通知單，並說明溝通技巧訓練及注意事項。

【案例三】針對「職場身心不法侵害防制」，以其他職場的案例，說明調查處理的訪談程序：

（1）會前：訪談前準備（通知單、前兩天確認、簽到單、保密書、錄音同意書、錄音機+電池、影音光碟+放映機、相機……）。

（2）現場：桌椅（圓桌、椅背、桌面、茶水杯）、門窗（出入門口、門鎖、窗簾）、物理環境（燈光照明、噪音、錄音條件）、手機關機（指定行政記錄人員：1人）。

（3）委員：3-5人（推選一人為召集人）（成員介紹）。

（4）申訴人1人（成員介紹）。

（5）相關人1人（成員介紹）。

（6）中場間隔，相關人員動線引導。

（7）被申訴人1人（成員介紹）。

（8）委員討論：1. 心理輔導或醫療協助、2. 工作調整建議、3. 法務協助、4. 內部懲處建議、5. 確認錄音資料、6. 撰寫報告、7. 緊急應變小組、8. 會後收回私密資料。

【案例四】針對「身心不法侵害預防與處理」，若進入和解階段，可參考某職場的協調處理程序。（1）會前：訪談前準備。（2）現場：桌椅、門窗、物理環境、手機關機。（3）委員。（4）申訴人：表達/確認和解的意願。（5）中場間隔，相關人員動線引導。（6）被申訴人：表達/確認和解的意願。（7）主席說明：個人版和

解書有別於職場版和解書，切結書，蓋章，握手言和。
（8）委員討論，和解書與切結書列為重要文件列檔保存。

【案例五】針對「職場暴力事件第一次調查處理會議」A先生之申訴案件，「工作產生過重的責任等：被賦予難以達成的業務基準量」之「心理負荷的強度」為中度；「人際關係：和上司之間有糾紛」之「心理負荷的強度」為中度；「角色、地位的變化：部屬減少」之「心理負荷的強度」為「弱」。（1）建議職場提供資源協助員工，例如：安排心理輔導與追蹤，或轉介專業醫療服務。（2）根據雙方所提供之資料尚待釐清，建議處置：溝通調解。

【案例六】針對上班族護眼議題，說明：（1）上班族常見的眼睛症狀，（2）減緩眼睛疲累的方法，文件架與電腦螢幕等高，避免視線來回移動的「眼睛瞬間再對焦」，使用智慧型手機等產品，眼睛距離螢幕至少30公分，每30分鐘應閉眼或望遠休息5分鐘。另參考《20/20/20 rule》看電腦20分鐘/休息20秒/望遠20呎（6公尺）。

【案例七】針對職場工作特性，舉行健康講座與教育訓練，主題「野外傷害的緊急處置」，包括：毒蛇咬傷、蚊蟲蜜蜂叮咬等項，以及重複性肌肉骨骼症狀的防治，外

駐工作的注意事項。若地處偏遠山區，可考慮另備捕蛇器（長約1公尺）。另示範局部柔軟操運動，以及提供個別的健康諮詢。

7.【工作相關傷病之預防、健康諮詢與急救及緊急處置】

【案例一：異常工作負荷促發疾病之預防】（1）年度健檢報告「職業促發心血管疾病」為中高風險者，或對健檢結果有疑慮的29位同仁，提供健康指導，說明生活與工作注意事項，以及心血管疾病防治：飲食控制，戒菸且避免過度油膩食物，定期量測血壓與紀錄，追蹤危險因子，規律生活適度運動（表M）。

【案例二：急救及緊急處置】針對「急救藥品及器材」的設置與使用規範，醫師說明：

（1）根據「勞工健康保護規則」：「事業單位應參照工作場所大小、分布、危險狀況與勞工人數，備置足夠急救藥品及器材，並置急救人員辦理急救事宜。」

（2）職場員工若有小燙傷，為方便員工及時消毒換藥，急救箱（包）可置備下列藥品及器材，例如：燙傷藥膏等項，並在使用前詢問是否有過敏病史，且建議至急診或門診追蹤診治，依醫囑與說明書使用藥物。

表 M 「職業促發心血管疾病」為中高風險者之建議採行措施				
a	b	c	採行措施	建議採行措施
0	1	1	建議面談	門診追蹤，若仍不適，另約複評。
0	2	2	建議面談	門診追蹤，若仍不適，另約複評。
1	1	2	建議面談	適度休閒，門診追蹤，若仍不適，另約複評。
2	0	2	建議面談	適度休閒，規律生活，若仍不適，門診追蹤，另約複評
1	2	3	需要面談	適度休閒，規律生活，門診追蹤，若仍不適，另約複評
2	1	3	需要面談	適度休閒，規律生活，門診追蹤，若仍不適，另約複評
a. 工作負荷、b. 十年心血管疾病風險、a+b=c. 職業促發心血管疾病風險				

（3）建議三項必要程序：步驟一‧醫師建議置備藥品（法源：《勞工健康保護規則》），步驟二‧醫師開立處方（法源：《藥事法》第50條），步驟三‧緊急醫療救護（法源：《緊急醫療救護法》第3條）（限緊急傷病之現場醫療處理）。

【案例三：急救及緊急處置】

Q：職場緊急救護與備藥的合適性？

A：（1）《勞工健康保護規則》。

（2）《緊急醫療救護法》第14-1條：公共場所「自

動體外心臟電擊去顫器」。

（3）若需現場「協助給藥」，請詢問員工：（a）過去出現類似症狀，都是如何處理？（b）是否有自備藥物？（c）有無藥物過敏病史？

【案例四：急救及緊急處置】

（1）說明「氫氟酸」具腐蝕性（皮膚、眼睛、鼻黏膜、肺呼吸組織傷害）、毒性（氟離子中毒、脫水作用）、爆炸性。若不慎噴濺皮膚，須以六氟靈等與大量清水沖洗，並塗覆葡萄酸鈣軟膏於傷部。若清洗眼睛，需側臥且患眼居下。廢液應裝在密封桶內。並在明顯處張貼危害圖式，備安全資料表（化學品全球調和制度），說明使用「氫氟酸」注意事項，包括：耐酸手套、化學防護衣、護目鏡、防護面罩等個人防護具，急救藥品：葡萄酸鈣軟膏、六氟靈眼沖洗器。

（2）說明緊急沖洗室的裝備與處置流程，葡萄酸鈣軟膏與耐酸手套可以透明塑膠袋盛裝，放置於緊急沖洗室內高約155公分的置物台，另放置剪開衣物的專用剪刀，以及包裹用的毛巾，檢核表另以透明塑膠袋裝置於沖洗室外。

8.【定期向雇主報告及健康服務之建議】

【案例一】醫師列席參加職業安全衛生會議，說明本

季臨廠健康服務執行要項，包括：心血管疾病防治、噪音作業聽力檢查健康管理分級、工作相關傷病之防治與健康諮詢、復工職能與工作適性評估，以及人因作業風險評估等項。

【案例二】醫師列席參加職業安全衛生會議，說明最近公告的法規與採行措施。並針對新型冠狀病毒肺炎疫情，另舉辦感染預防教育訓練，說明勤洗手以及出差旅遊等防疫注意事項，並示範如何配戴口罩。

【案例三】說明「心血管疾病中高度風險者」以「每日量測血壓的達成率」，以及「定期回門診追蹤的達成率」，作為績效評核指標。

9.【其他經中央主管機關指定公告者】

【案例一】針對「衛生局電函告知有同仁感染法定傳染病，為避免個資外洩與保護其他同仁」，討論法定傳染病的職場通報與處理流程：

（1）Q.確認公司通報流程合適性？以哪些人知道較合適？（護理人員或主管或部門相關接觸者）。Q1.主管得知同仁請假病因，是否有向醫務室之責？Q2.衛生單位告知醫務室有同仁有傳染性疾病，醫務室有無向管理單位主管告知之責？A1.可通知醫務室。醫務室若得到衛生單

位或主管通報，可提供健康關懷、健康管理、職場防疫、團體衛教。依據目前衛生主管單位的流程，接觸者在一個月內會被衛生單位通知，並進行衛教及檢查；但職場可在第一時間先安排經設計的團體衛教，以避免集體恐慌。

A2.醫務室若獲知同仁有傳染性疾病，可針對事件，但不針對個人，告知單位主管與接觸者。因為密切接觸者有知道自己是接觸者的權利。但沒有權利知道誰是傳染性疾病者，而且接觸者依《傳染病防治法》，必需前往指定醫療院所接受檢查。

（2）Q.哪些情況需由公司主動通報？哪些會由衛生相關單位向公司做通報？A.參考「傳染病監視通報系統作業流程」，醫療院所會主動通報衛生主管機關，但衛生主管機關會視病況（例如：肺結核、德國麻疹或麻疹…），通知職場廠護。

（3）Q.確診5大類傳染病是否需強制休假？有無法令強制規定？A.第一類傳染病「需」隔離治療，第二、三類傳染病「得」隔離治療，出院後「得」依醫囑休養，第四、五類傳染病也「得」依醫囑休養。例如：根據疾管署的說明，結核病病人規則服藥後兩週後即不會感染他人。指標個案如果痰塗片培養陰轉且按規服藥治療，已無傳染性，不會再傳染，可以正常上班。再例如：員工從茲卡病

毒感染症的疫區返回登革熱盛行的工作地點，該員暴露於茲卡病毒的潛伏期間是否需要休假，建議依醫囑決定。

（4）Q.有個案發生時，醫務室是否可針對個案部門進行公開法定傳染病衛教？A.職務室可先安排大範圍多種疾病的團體衛教，以避免集體恐慌與個人的聚焦。此外，衛生單位會在一個月內通知密切接觸者，並進行衛教及檢查。

【案例二】針對「勞工健康保護規則」：「經醫護人員評估勞工有心理或肌肉骨骼疾病預防需求者，得特約勞工健康服務相關人員提供服務」，（1）醫師依據「異常工作負荷促發疾病預防指引（第二版）」，填寫「面談結果及採行措施表」。（2）以「簡式心情量表（心情溫度計）」調查員工的心理照護需求，安排所需之心理衛生服務。（3）以「肌肉骨骼症狀調查表」調查員工的人因照護需求，評估危害因子提出改善措施。

【案例三】特別危害健康作業健檢的申請與通報方式，健檢醫院通報「全國勞工健康檢查資料庫登錄平台」，雇主通報「職業安全衛生管理報備資訊網」。

【案例四】針對「定期契約勞工因通勤受傷，至定期契約屆滿後仍未痊癒者」，建議轉介至職業傷病防治中心安排職能評估與職務再設計，並協助申請相關勞保權益。

【案例五】針對新興傳染性疾病，臨場團隊至現場評估防疫設施與環境動線。（1）坐式櫃檯桌高75公分，ㄇ型防護隔離板：60（長）×30（寬）×60（高）公分，適用「坐姿呼吸區」桌高75公分+板高60公分=135公分。國人坐姿鼻口高度平均115公分（男性），107公分（女性）。歐盟對呼吸帶的定義如下：「以口鼻之間的位置為中心，直徑30cm的球體範圍。」（2）站式櫃檯桌高100公分，ㄇ型透明防護隔離板：100（長）×30（寬）×80（高）公分，適用「站姿呼吸區」桌高100公分+板高80公分=180公分。國人站姿鼻口高度平均151公分（男性），140公分（女性）。（3）行政與外勤人員已採取分艙分流動線包括：電梯、廁所、休息與用餐，並標示安全距離。第三級警戒時期取消餐廳用餐，供應便當。

【案例六】針對Covid-19疫情進入第三級警戒，檢視「因應COVID-19職場安全衛生自主查核表」，說明「依中央流行疫情指揮中心發布之訊息，滾動修正防疫應變計畫」，提供相關健康保護預防措施。（1）因應COVID-19疫情之視訊診療。（2）依據中中央流行疫情指揮中心發佈的「具感染風險民眾追蹤管理機制」，做為具感染高風險個案之應變程序。（3）委外請醫院提供新冠肺炎快篩服務。

【案例七】若有員工新冠肺炎確診，職場的防疫措施與健康管理如下：

（1）公司內部清潔消毒，針對人員經常接觸之表面，尤其是門把、工具箱、盥洗浴廁，以酒精或稀釋的漂白水進行清潔及消毒。

（2）其他員工若被匡列為「密切接觸者」，例如：同宿舍，會收到「居家隔離書」。確診者會收到「隔離治療通知書及提審權利告知」，一般是由檢驗與診斷的醫療單位通報。解除隔離者，地方衛生機關開立解除隔離治療通知書，並予衛教，於發病後21天內，依自主健康管理原則，遵守外出全程佩戴口罩、無絕對必要，避免出入無法保持社交距離或容易近距離接觸不特定人之場所、維持社交距離及勤洗手等應注意事項。另請勞工健康服務醫師評估復工。

（3）若無被匡列「密切接觸者」，可在廠內疫調，再對高風險者健康關懷與管理追蹤。疫調方式：自個案發病前3日起至隔離前，調查接觸者在無適當防護下曾於24小時內累計大於15分鐘面對面之接觸者，或提供照護、相處、接觸病患呼吸道分泌物或體液之同住者。

【案例八】針對確診者康復解除隔離的復工健康管理，說明健康指導衛教，以及注意事項。（1）解除隔離

者，地方衛生機關開立解除隔離治療通知書。（2）注意呼吸系統與黏膜皮膚等症狀，仍需定時量體溫。（3）可善用遠距視訊診療。（4）康復六個月後可打疫苗。（5）另安排臨場醫師復工評估。

【案例九】說明孕婦施打新冠肺炎疫苗的決策考量：（1）暴露於新冠肺炎的風險。（2）發病變成重症的風險。（3）疫苗的效益。（4）孕婦施打新冠肺炎疫苗的安全性。

【案例十】「COVID-19健康監測（抗原快篩+居家快篩）計畫」摘要說明如下：「居家快篩」可由醫事人員視訊示範操作後，請員工到通風處，照著說明書自己做。若結果為陰性，請員工持續健康自主監測；若結果為陽性，請員工至社區篩檢站或醫院就醫採檢複評。

二、【勞工健康服務計畫】與執行紀錄

【案例一：勞工健康服務計畫書】計畫書的內容分為五部分：依據、目的、負責單位、組織與任務、其他。雇主協調各部門共同推動計畫，依據職場健康服務團隊的建議，採取健康管理與健康促進措施，以及選工、配工與復工。

【案例二】（1）依據呼吸防護計畫，職醫、職護與職安人員以「生理評估問卷」評估員工，說明戴用呼吸防護具的注意事項，並告知員工限定於特定工作負荷等級以下執行工作。（2）若有高血壓病史，或血壓過高，建議定期量測血壓與門診追蹤診治，另約時段複評，例如：原限定於「中度至重度工作」工作負荷等級以下執行工作，再評估是否可改為限定於「輕度至中度工作」工作負荷等級以下執行工作。（3）依據勞動部「呼吸防護具選用參考原則」，職安人員與職護、職醫評估「呼吸防護具」的選用參考原則，1.防塵口罩供一般作業人員使用、2.電銲用防塵口罩供電、氣焊作業人員使用、3.有機氣體異臭口罩供有機溶劑作業人員使用、4.防毒面具口罩供有機溶劑、吹塵、特化作業人員使用。

　　【案例三】針對「中高齡者及高齡者就業促進法2019.12.4」，草擬「中高齡及高齡工作者健康服務計畫」，說明中高齡及高齡工作者「工作適能評估表」的執行步驟。可針對高風險者（優先排序例如：心血管疾病風險高風險者，肌肉骨骼症狀5、4或3分者，或慢性病者），另請員工上網自行填寫「工作適能指數評估」，作為「工作適能評估」之參考。

　　（1）Q1.是否每個超過45歲的同仁都要安排醫師面

談，以完成個人健康風險評估要求？Q2.每年需重新進行一次評估？A1,A2.可在「中高齡及高齡工作者健康服務計畫」說明：依據「中高齡者及高齡者就業促進法」與「中高齡及高齡工作者安全衛生指引」，公司主動提供中高齡者健康關懷，滿45歲那年安排「工作適能評估」，並說明後續健康管理模式，若有需求可另提出複評。

（2）Q3.如果評估有問題，是直接配工嗎？A3.醫師完成「工作適能評估表」，提供相關建議事項給雇主參採。

（3）Q4.外包及承攬商中高齡如何管理？Q5.外包商法規定期體檢後，該如何要求進行健康管理？A4,A5.建議公司在「外包及承攬商的合約書」列明健康管理的權責，若委由公司管理，需有「書面同意提供個人健康資料」。公司的「中高齡及高齡工作者健康服務計畫」說明服務對象包括「外包及承攬商」。

三、醫護、健康服務人員、職安衛、人力資源人員訪視現場

現場訪視可評估環境的相關因子，例如：噪音、照明、溫度、濕度、通風狀況、建築結構；並注意通道、夜間出入口、停車場及貯藏室。詢問天氣燥熱時的通風，尖

峰時段的排班，再到現場觀察查證，提出改善措施之建議。

　　現場辨識作業場所的危害因子，可從物理、化學、生物、人因性（作業流程）、工作型態，以上五個面向來評估。

　　（1）物理性：有無噪音、全身或局部振動、游離輻射、異常氣壓及異常溫度，電線是否會致絆倒或漏電等。

　　（2）化學性：有無「生殖毒性及生殖細胞致突變性物質第1級之化學品」、抗細胞分裂及具細胞毒性藥物等。

　　（3）生物性：有無感染弓形蟲、德國麻疹、肺結核，以及針扎的風險。

　　（4）人因性與作業流程：工作是否須搬運或推拉、提舉重物，是否需經常蹲姿或重覆動作等。

　　（5）工作型態：是否需輪班或夜間工作，或因異常工作負荷導致工作壓力等。

四

建議採行措施

一、辨識與評估工作場所及組織影響身心健康之危害，提改善建議

　　【案例一】（1）針對年度「肌肉骨骼症狀」分數較高的2位員工，至工作現場測量電腦工作桌的高度均為74公分，椅面高度（可調式）42-44公分，電腦螢幕中心點高度98-112公分，視距56-68公分，提供個別健康指導，說明生活與坐姿工作注意事項，適度運動與柔軟操運動。（2）另說明若電腦螢幕中心點與兩眼平視方向的夾角>20度，容易造成肩頸不適、下背痠痛等症狀。若使用抽屜式鍵盤，需注意避免頭頸前傾或兩上肢懸空，也可考慮將鍵盤前移或移置桌面，或加設扶手，或電腦字體放大（125%），可加椅背墊調整姿勢，避免下背懸空。並以

「肌肉骨骼症狀」問卷追蹤評估。（3）另說明參考勞研所調查國人從事手工作業的研究報告，男性的正常握拳範圍為34.8公分、最大握拳範圍76.9公分、最佳工作區25.4公分；女性的正常握拳範圍為23.2公分、最大握拳範圍59.7公分、最佳工作區25.4公分。

【案例二】眼科門診使用「第3b級雷射」儀器，皮膚科門診使用「第4級雷射」儀器，已依「雷射危害分級與警示」張貼標示，另依雷射波長與阻光密度值選擇合適的護目鏡。操作時，門外標示「雷射運作場所，雷射使用中」。另提供「雷射危害分級」，與「雷射分級與警示標誌」，例如：「雷射輻射/勿受直接光束照射/第3b級雷射器材」，做為衛教與警示參考。

二、提出作業環境安全衛生設施改善規劃之建議

【案例一】製窯業「真空土練機」的操作注意事項：（1）練土時，不要戴手套，衣服與頭髮應紮好，避免捲入。（2）土練機周圍保持乾燥，不堆積物品，以維護練土安全。（3）以木匙鏟入泥土，且投入量不要太多、太快、以免堵住入口。（4）如有變硬的餘土，需灌水入進土口浸漬兩三天，確定其中乾硬土已軟化，方能啟動馬達

使用。（5）另備緊急停止按鈕。

三、調查健康情形與作業之關連性，並採取預防及健康促進措施

　　【案例一】《健康摘要》A女士67歲，餐飲部門員工，工作時發病送至急診診治。醫院診斷書：「病名：1.自發性顱內出血合併右側無力，2.失語症。」《健康評估》分析年度健檢報告，十年心血管疾病風險9%，工作型態無不規則工作、無出差、無異常環境，工作時間加班時數小於45小時。

　　【案例二】《健康摘要》A先生60歲，保全部門員工，工作時發病送至急診診治。醫院診斷書：「病名：顱內出血。」《健康評估》分析年度健檢報告，A先生十年心血管疾病風險13%，若月加班時數45-80小時屬「中負荷」，「職業促發腦心血管疾病風險」為「中度風險」；若月加班時數>80小時屬「高負荷」，「職業促發腦心血管疾病風險」為「高度風險」，須有預防措施。

四、提供復工之職能評估、職務再設計或調整之諮詢及建議

【復工紀錄】復工紀錄的內容可分為四部分：健康摘要、健康評估、工作評估、建議事項。「健康摘要」書寫傷病狀況、既往病史與工作史；「健康評估」記錄當場評估的身心健康與體能狀況；「工作評估」則註明受傷前的作業型態，以及建議漸進式復工的工作內容；「建議事項」通常考量五個層面：（1）醫療，（2）工作，（3）交通，（4）後續追蹤，（5）公傷假天數。若為較複雜的漸進式復工，另書寫「工作適性評估表」。

【工作適性評估表格】「工作適性評估表」的格式，可參考勞動部職安署北區勞工健康服務中心的「工作適性評估書」、《女性勞工母性健康保護實施辦法》的附表三、《工作場所母性健康保護技術指引（第二版）》的附表四「工作適性安排建議表」，以及《中高齡及高齡工作者安全衛生指引》的中高齡「工作適能評估表」。

【工作適性評估表的關鍵字】（1）建議門診定期追蹤。（2）規劃漸進式復工。（3）注意通勤與工作動線安全。（4）若有不適，另約時段複評。（5）協助處理「勞工保險被保險人上下班、公出途中發生事故而致傷害陳述書」，並說明將依勞保局核准的公傷傷病天數核予公傷假。

（1）「工作適性評估」提出的建議，分為五類：可繼續從事目前工作、可繼續從事工作但須考量條件限制、不可繼續工作（宜休養）、不可繼續工作（需住院）、其他具體之工作調整或生活建議。

「適任」包括：可繼續從事工作，以及「可繼續從事工作但須考量條件限制」。工作條件的限制，大致有下列七種情況：（1）變更工作場所、（2）變更工作內容/職務、（3）縮減職務量（縮減工作時間、縮減業務量/工作量）、（4）限制加班（不得超過＿＿小時/天）、（5）周末或假日之工作限制（月＿＿次）、（6）出差之限制（每月＿＿次）、（7）夜班工作之限制（輪班工作者）（每月＿＿次）。

（2）本書所附「工作適性評估表」（表N），可用於評估一般疾病、職場復工、配工、選工、健檢健康管理、工作異常負荷、骨骼肌肉傷害、母性健康管理、中高齡適能評估等情況。並於評估表最後一欄加註「本人同意提供以上資料給主管，做為配工用途。員工簽名。」另說明本表為參考用例，事業單位得依需求自行修正。

舉例說明於以下章節。

工作適性評估表

部門	單位	職稱	姓名	工號	性別	年齡

健康問題：□ 一般疾病 □職場復工、配工、選工 □健檢健康管理
　　　　　□工作異常負荷 □骨骼肌肉傷害 □母性健康管理 □ 其它：

健康狀況簡述：

面談參與人員	
工作內容概要	
醫師面談概要 （含與部門主管協議 內容）	

指 導 區 分	醫療或健康指導 　　□1.需要接受治療　　□2.須要追蹤觀察 　　□3.須要接受飲食及生活習慣等衛教指導　　□4.不須要接受治療 工作調整指導 　　□1.可繼續從事目前的工作 　　□2.可繼續從事工作，但須考量下列條件限制： 　　　　□1）.變更工作場所： 　　　　□2）.變更職務： 　　　　□3）.縮減職務量： 　　　　　　□縮減工作時間：　　　　　□縮減業務量： 　　　　□4）.限制加班（不得超過　小時／天） 　　　　□5）.周末或假日之工作限制（每月　　　　次） 　　　　□6）.出差之限制（每月　　　　次） 　　　　□7）.夜班工作之限制（輪班工作者）（每月　　　　次） 　　□3.不可繼續工作，宜休養（休養期間：敘明時間　　　） 　　□4.其它具體之工作調整或生活建議 　　　　（包括工作調整或異動、追蹤或職場對應方法、飲食等詳細之建議內容）

醫師（含醫師字號）/ 日期		護理人員/ 健康服務人員/日期	

本人同意提供以上資料給主管，做為配工用途。員工簽名

註：本表為參考例，事業單位得依需求自行修正。

工作適性評估與職傷實例

五

工作適性評估實例（復工）

　　職場復工的主要對象是意外事故導致的傷病，其次是肌肉骨骼與腦心血管疾病（表七），因此「工作適性評估」必須紀錄患部的疼痛程度與關節的活動範圍，以下分別說明如何評估上肢、下肢、頸椎、腰椎的肌肉與關節活動；再以肩部骨折、上肢骨折、手部骨折、下肢骨折、足部骨折、其他部位，分別舉例說明。

一、如何評估肌肉關節

【評估上肢的肌肉關節】

　　（1）平舉雙手到肩膀高度，手掌再翻過來向上，手肘彎屈，掌心先向臉再向外，然後轉動雙手，漸漸加快。

　　（2）請雙手握拳，再張開手指，以拇指指端碰觸食

指指端，再碰觸第三指、第四指、第五指。再做擰毛巾，以及洗牌的動作。最後，左手拉肩後安全帶遞給右手扣腰部環鎖，再做手握方向盤旋轉的動作。

（3）雙手快速轉動是要評估兩側肢體活動是否對稱，也可檢視手腕、手肘內旋與外轉的角度（參考值90度），握拳的動作是要評估手指彎曲的程度（參考值90度），拇指碰觸食指與第五指是要檢測對掌肌的活動，洗牌的動作是要評估手腕橈側與尺側能夠彎曲的範圍（參考值45度），擰毛巾是要評估手腕背曲、掌曲的範圍（參考值70度）以及手指的握力。左手拉肩後安全帶是測試肱二頭肌，右手扣腰部環鎖是測試肩胛下肌，雙手握方向盤旋轉是要評估兩側肩部上舉、外展的活動（參考值180度），以上可檢測旋轉肌袖症候群。

【評估下肢的肌肉關節】

（1）坐姿雙手扶椅，彎曲大腿髖關節（參考值125度），曲屈膝關節（參考值140度），伸張膝關節（參考值20度），踝關節背曲（參考值20度），蹠屈（參考值45度）。

（2）站姿行走五步，登梯三階再下梯，蹲姿再起立，單腳站立三秒。

【評估頸椎腰椎的肌肉關節】

（1）站姿雙手叉腰，頭部轉向右再轉向左，右側彎再左側彎，身軀不動，頭部向後仰再向前傾，以上彎曲範圍的參考值均為45度。

（2）站姿雙手叉腰，身軀向後仰、再向前傾，參考值分別為45、90度。

二、肩部骨折：鎖骨骨折

【案例一：鎖骨骨折】

《健康摘要》A先生平日慣用右手，物流部門員工。診斷書「診斷：左側鎖骨骨折。醫囑：建議休養、左側上肢不宜負重陸週。」

《工作摘要》公傷前工作內容：物流需搬運重物。復工後已調整工作內容。

《健康評估》評估左側肩部上舉、外展與水平彎曲活動受限約90度，左腕可背曲與掌屈，可對掌肌活動，未引發劇烈疼痛。

《建議事項》（1）骨科或復健科門診追蹤診治。（2）安排漸進式復工，初期避免過度出力荷重（約6公斤），例如：後續復工可安排較為輕便的作業（初期左上肢以三角巾固定）。（3）注意交通動線安全。（4）若

有不適，門診追蹤，另約工作適性評估。（註記：參考職安署南區成大職業傷病防治中心的「常見職業災害建議參考復工天數」，鎖骨骨折傷患若從事輕度作業、中度作業者、重度作業，最佳休養天數建議分別28天、56天、84天。）

三、上肢骨折：肱骨骨折、橈骨骨折

【案例一：肱骨骨折】

《健康摘要》B先生，平日慣用右手，擔任監工，工作跌倒受傷，送醫急診住院，診斷：右側近端肱骨骨折。**醫囑**：骨折復位內固定手術，應休養三個月。

《健康評估》醫師於休養期間評估健康狀況，右肩上舉與外展關節活動受限（約35度），兩個半月後複評，右肩上舉與外展關節活動受限（約90度），引發右臂不適。右肘外翻與內旋可至90度。

《建議事項》（1）說明生活與工作注意事項，建議骨科與復健科門診追蹤診治。（2）恢復期暫勿抬舉或握持重物，以及扭轉手腕等項的工作，避免成為慢性傷害。（3）注意交通動線安全。（4）若有不適，另約時段複評。

【案例二：橈骨骨折】

《健康摘要》C先生35歲科技廠作業人員，平日慣用右手，下班途中車禍送醫，醫院診斷：右側橈骨骨折，醫囑休養三個月。

《健康評估》評估右腕關節活動受限，右手手指可對掌活動，但無法完全握拳。《工作評估》受傷前擔任四班二輪工作，工作內容包括雙手握持箱盒至定點。復工後的工作內容，規劃擔任按鍵等輕便動作。

《建議事項》（1）骨科與復健科門診追蹤。（2）說明生活與工作注意事項，規劃漸進式復工，主管已規劃復工初期擔任按鍵等輕便動作，以左手為主，右手協助出力。（3）注意交通動線安全。（4）若有不適，門診追蹤，另約複評。（註記：參考「常見職業災害建議參考復工天數」，橈骨骨折傷患若從事輕度作業、中度作業者、重度作業，最佳休養天數建議分別42天、70天、91天。）

四、手部骨折：掌骨骨折、手指夾傷

【案例一：掌骨骨折】

《健康摘要》D先生32歲，研發部門員工，工作型態：坐姿，使用電腦，慣用右手。通勤發生事故，診斷：

左手第五掌骨閉鎖性骨折。

　　《健康評估》職醫評估左手掌骨以石膏固定，第1-5指指節可彎曲，第1,2指可做對掌活動。其他關節大致無明顯受限。

　　《建議事項》（1）門診定期追蹤診治及復健。（2）規劃漸進式復工（參考失能指引，掌骨骨折傷患若從事輕度作業、中度作業，最佳休養天數建議分別為7天、28天）。（3）注意工作活動與交通動線安全。（4）若有不適，可另約複評。

【案例二：手指夾傷】

　　《健康摘要》E先生34歲品管部門員工，工作時左手第4指遭夾傷，送醫急診，診斷：左手第4指壓傷合併指腹缺損。醫囑：術後左手暫不宜負重一個月。

　　《建議事項》（1）定期門診追蹤診治。（2）左手宜休養一個月，依據受傷部位的復原情形，調整工作內容。（3）注意交通動線安全。（4）若有不適，另約時段評估。（5）說明休養天數以勞保局審查核准的公傷假為準。

五、下肢骨折：脛骨骨折

【案例一：脛骨骨折】

《健康摘要》F先生38歲，擔任宅配業務，下班騎車車禍，醫院診斷書「右側脛骨平台粉碎性骨折，宜休養一個月，休養期間需專人照顧」。一個月後，診斷書「宜繼續休養一個月。」

《健康評估》休養期間評估F先生使用兩側腋下助行器行走，「肌肉骨骼自覺症狀調查表」自評靜坐右膝疼痛程度1-2分，但彎曲引發疼痛約4分。

《建議事項》（1）骨科與復健科門診追蹤。（2）漸進式復工，第一階段安排擔任內勤行政工作。第二階段擔任內勤工作（增加工作內容），避免重體力勞動作業與膝關節過度負荷。第三階段規劃漸進式半天內勤，半天擔任駐點人員；再評估是否漸進增加為全天。（註記：參考《復工工作服務指引》，脛骨骨折傷患若從事輕度作業、中度作業者、重度作業，最佳休養天數建議分別42天、182天、224天。）（3）注意交通動線安全。

六、足部骨折：蹠骨骨折

【案例一：蹠骨骨折】

《健康摘要》G小姐擔任文書工作，下班左腳扭傷，就醫診斷：左足第5蹠骨骨折，石膏固定。《健康評估》左腳踝因患部固定活動範圍受限（內翻、外翻、背屈與蹠曲），自評疼痛程度約2分，尚無法採蹲姿作業，走路行動使用兩側腋下助行器，登梯下階較為費力。

《建議事項》（1）骨科與復健科門診追蹤診治。（2）規劃漸進式復工，恢復期擔任輕便工作，避免過度出力負荷。（3）注意交通動線安全（初期規劃開車或搭大眾交通工具）。

七、其他部位：腰椎骨折、骨盆骨折、擦傷、扭傷

【案例一：腰椎骨折】

《健康摘要》H先生工地監造，通勤途中車禍，第三腰椎爆裂性骨折合併神經損傷，術後醫囑：建議宜休養至少半年，避免劇烈運動，建議使用背架保護。復健科門診追蹤治療。

《健康評估》（1）職醫與職護關懷健康狀況，以

「肌肉骨骼症狀調查表」自評疼痛程度下背4分，右膝2分。居家穿戴背架固定，可緩步行走與爬樓梯，不需使用枴杖，大小便可自理。可自行開車外出復健。

《建議事項》（1）說明生活活動與復健注意事項，另示範局部柔軟操運動。（2）依據診斷書「醫囑：建議宜休養至少半年」，說明另規劃後續漸進式復工，擬於第一階段擔任內勤工作，例如：文書行政作業等項體能及技術可勝任的工作，並避免久站與出力過度負荷。（3）另約時段進行工作適性評估。

【案例二：骨盆骨折】

《健康摘要》I小姐製造部門員工，站姿作業需搬重物。車禍併骨盆骨折，休養一個月後復工。職醫評估兩側肢體活動對稱，兩下肢可單腳站立，無麻木感。

《建議事項》（1）訓練腹肌、背肌及抬腿維持大腿股四頭肌肌力，定期門診追蹤診治。（2）說明工作注意事項，避免久站、久坐、蹲跪、持續性負重大於10公斤、手部重複性高舉過肩、過度彎腰等作業。（3）注意交通動線安全，下上班騎摩托車時可使用背部護具。（4）若有不適，另約時段評估。（5）考量疾病復原天數、合理休養天數及員工個人意願及配合復健門診時間，可回復夜班班別。

【案例三：右膝擦傷】

《健康摘要》J先生45歲製造部門員工，站姿作業需蹲站走動搬重物。上班途中發生交通事故，送醫急診，診斷：右肘及右膝擦傷。醫囑：建議休養三天及門診複查。復工後因疼痛再至骨科門診，診斷書「診斷：右肘及右膝擦傷。醫囑：建議休養七天及門診複查。」

《健康評估》醫師評估右膝腫脹，關節活動略受限：右膝屈曲45度引發疼痛，自填「肌肉骨骼症狀調查表」右膝3分。膝部活動熟練度喪失評估：（1）右下肢支地引發右膝疼痛，在家行走使用枴杖。（2）上下階梯時，需以左下肢先行，右下肢隨後跟上，動作緩慢且費力。（3）蹲姿時右膝無法居後支撐。

《職務調整之建議》（1）五天為合理公傷日數，（2）建議患部休養，不宜久站，復工先安排靜態坐姿作業，例如：文書或行政等工作，待疼痛減輕後採「漸進式復工」，例如：先安排電腦數值控制加工區作業，再安排雷射加工區。若持續疼痛或活動受限，骨科與復健門診追蹤診治。

【案例四：建議休養天數】

職護來電詢問：員工提出診斷書「左小腿挫傷，宜休養二日」，但休養後仍不適，目前左膝內側較腫，建議

休養幾天？醫職回覆說，診斷書寫「小腿挫傷」，但是左膝內側腫，通常是關節或肌腱的病症。職護傳來兩張相片，第一張：左膝內側腫脹，左大腿內緣近膝部略瘀青。第二張：小腿前側色澤較深，但並無局部外傷史。職醫回覆說，腫脹的位置在左膝關節的下方，脛骨粗隆的內緣，此處是縫匠肌、薄股肌、半腱肌三條肌肉的附著點，就是「鵝足肌腱炎/滑囊炎」，屬「下肢第1或2級韌帶或肌腱損傷」，若從事中度作業、重度作業，最佳休養天數建議分別7天、14天。（參考《復工工作服務指引》）

　　事後與職護討論，診斷書寫「左小腿挫傷」，但左小腿前側並無局部外傷史，為何色澤較深？可能因為肌腱附近的血管滲血，往下流至小腿前側的腔室空間。

六

工作適性評估實例（選工配工）

　　《就業服務法》第五條明定：為保障國民就業機會平等，雇主不得以性別、年齡、身心障礙等為由，予以歧視；其他法律有明文規定者，從其規定。《勞工健康保護規則》則列出「考量不適合從事作業之疾病」。這項「考量是否適合工作」的職責在醫師，雇主再參採醫師之建議，書寫表格是「勞工一般體格及健康檢查紀錄」總結評估的「應處理及注意事項」，內有一個選項「建議不適宜從事＿＿作業」，進一步完成「工作適性評估表」。以下說明如何評估心血管、中樞神經、周邊神經、心理健康等常見疾病，並針對中高齡健康、母性健康（表八）、特殊危害健康作業（表九、十），分別舉例說明工作適性的評估，以及注意事項。

一、心血管與呼吸系統評估

【案例一】

《健康摘要》A先生39歲，工作型態：日班/夜班/休班，睡眠時間每天6小時以上，年初於夜班工作時，因胸部不適就醫，診斷：典型心房撲動經電燒灼手術後。出院後休養2週後復工擔任日班。職醫、職護與職安人員至現場評估工作狀況：需手持檢查器材彎腰與抬頭檢視機械，但不需負荷重物。

《健康評估》無胸悶心悸等不適症狀，聽診心跳規律，兩側肢體活動對稱正常。

《建議事項》說明工作與生活注意事項，目前從事日班；建議定期門診追蹤診治，若無不適，再漸進增加夜班的頻率。

二、中樞神經系統評估

【案例一】

《健康摘要》A先生51歲，擔任外勤業務。騎機車外出發生擦撞車禍，先回到家，家人再帶至醫院，診斷：腦出血。車禍發生前一小時曾感覺講話異常，忘記密碼。醫

師回顧年度健檢，估算「十年心血管疾病風險」10%，過勞量表評估，個人相關過勞分數與工作相關過勞分數均為低負荷；綜合評估「職業促發心血管疾病風險」為中度風險。健檢醫院曾以書面健檢報告告知個人健康注意事項，建議醫療追蹤。

《健康評估》（1）職醫曾於A先生申請留職停薪之前，評估健康狀況：兩側肢體可對稱活動，右側下方視野偏盲，言語表達較慢，可認說物品名稱「筆、眼鏡」，時間與地點之定向感較差，讀與寫尚無法完整表達，計算能力較差，以「簡易智能狀態測驗（MMSE）（表O）」初評11分。（2）職醫於A先生留職停薪復工之前，評估健康狀況：兩側肢體可對稱活動，言語表達較慢，可認說物品名稱「筆、眼鏡」，時間與地點之定向感較差，讀與寫尚無法完整表達，計算能力較差，以「簡易智能狀態測驗（MMSE）」複評16分。

《建議事項》（1）職能復健與語言復健，門診定期追蹤診治。（2）規劃漸進式復工，暫不宜擔任外出、重體力勞動、輪班與夜間作業。（3）注意工作活動動線安全。（4）一個月後複評。

【案例二】B先生54歲，擔任監工，工作型態為日班，自覺易緊張，最近兩年記憶變差。職醫以「簡易智能

表 0 簡易智能狀態測驗（MMSE）：滿分 30 分					
1	今年是那一年？	11	紅色（初評）	21	紅色（複測）
2	現在是那一個月份？	12	快樂（初評）	22	快樂（複測）
3	今天是幾號？	13	腳踏車（初評）	23	腳踏車（複測）
4	今天是星期幾？	14	100-7	24	複誦一句
5	現在是什麼季節？	15	93-7	25	請閉上眼睛（唸+做）
6	我們現在在什麼地方？	16	85-7	26	拿紙
7	我們現在在那個縣市	17	77-7	27	紙對折
8	現在這個機構的名稱？	18	69-7	28	紙放桌上
9	現在是在幾樓？	19	筆	29	今天天氣如何
10	這裡是哪一個部門？	20	眼鏡	30	畫圖

狀態測驗（MMSE）」評估得分24分（滿分30分，1-4、22、23項各減一分）。建議神經內門診追蹤診治。另建議以記事本列出日期與工作要項，並至現場評估工作型態與流程，提醒作業安全事項。

三、周邊神經系統評估

【案例一】「正己烷作業」特殊健檢，法規並無抽血檢驗項目，但長期暴露可能造成神經系統病變。現場評估10位工作同仁，兩側肢體活動均對稱正常，亦無手抖、手麻、手無力等神經系統症狀，另以手繪同心圓方式留下紀錄，可供日後追蹤比較。衛教說明有機溶劑作業注意事項，並示範神經系統檢查評估與紀錄方式。

四、心理健康評估

【案例一】《健康摘要》A先生電子工廠員工，工作型態不需輪值夜班。醫院診斷書「心律不整，失眠症，陣發性心房顫動，廣泛性焦慮症，特定場所畏懼症的恐慌症。醫囑：心律不整控制不良」。

《健康評估》聽診心律不整，兩上肢略抖。以過勞量

表自評個人與工作過勞分數70分、68分，心情溫度計（簡易心情量表*）18+2分；工作負荷屬高負荷。

《建議事項》（1）門診定期追蹤診治。（2）工作不宜加班、夜班、輪班。（3）門診與心電圖檢查追蹤，若心律不整發作頻率增加，另約時段工作適性評估。（*第1題至第5題的總分：0-5分──身心適應狀況良好，6-9分──輕度情緒困擾，建議找家人或朋友談談，抒發情緒，10-14分──中度情緒困擾，建議尋求心理諮商或接受專業諮詢，15分以上──重度情緒困擾，需要高度關懷，建議尋求專業輔導或精神科治療。第6題的記分：本題單獨記分，若本題評分為2分以上，建議尋求專業輔導或精神科治療。）

五、中高齡健康評估

【案例一：糖尿病】《健康摘要》A先生47歲鑄鐵廠員工，過去病史：糖尿病定期門診診治。擔任夜班期間曾呆立作業現場，神情恍惚，進食後，意識恢復由家屬帶回。廠護衛教提供健康紀錄，做為就醫參考。門診藥物調整如下：降血糖藥每日三次（早、中、晚），飯後半小時，每次1顆。

《健康評估》職醫評估健康狀況，兩側肢體活動正常，無顫抖等症狀。說明飲食與用藥安全注意事項，已在隨身攜帶的證件上張貼糖尿病藥名與低血糖病史，建議定期門診診治，血糖控制穩定之後，再安排夜班。

　　【案例二】《健康摘要》B先生49歲製造部門員工，過去病史：腦血管疾病併左側肢體較鈍、糖尿病、高血壓，定期門診診治。

　　《工作評估》目前工作不需輪值夜班，不須從事重體力勞動工作。《建議事項》（1）定期門診追蹤診治。（2）因腦血管疾病併左側肢體略鈍、糖尿病、高血壓，目前安排固定日班。（3）注意交通動線安全。（4）若有不適，另約時段評估。

　　【案例三】《健康摘要》C先生51歲包裝部門員工，過去病史：慢性腎衰竭併常規洗腎（左前臂裝置洗腎瘻管）、糖尿病、高血壓。左上肢握力較差。

　　《建議事項》（1）定期門診追蹤診治。（2）因常規洗腎且施打胰島素，建議固定日班，不宜從事輪班作業。因左前臂裝置洗腎瘻管，建議不宜搬移超過三公斤以上之物品，並避免重複出力。（3）注意交通動線安全。（4）若有不適，另約時段評估。

　　【案例四】《健康摘要》E先生55歲維修部門員工，

過去病史：高血壓、高血脂、痛風。兩膝膝關節病史：滑囊增生、軟骨軟化。診斷：（1）右膝臏股骨關節退化。（2）雙膝臏骨軟化。工作史：因膝關節病變，蹲姿維修改為站姿或坐姿工作，以及天車駕駛。

《健康評估》以「肌肉骨骼症狀調查表」評估：左膝與左膝關節疼痛程度1-2分，但在蹲姿彎曲時疼痛程度4-5分（0分：不痛，5分：劇烈疼痛）。兩膝膝關節彎曲活動範圍受限，蹲姿引發疼痛，無法蹲姿超過1分鐘，亦無法以單腳站立。

《工作評估》維修作業需進出深度88公分的工作槽道，需彎腰以兩上肢手掌支地緩步移位，作業空間局限，須採取蹲姿作業。進入車體，需攀爬高約58、22、22、22公分的垂直式階梯，需手抓扶手使力（一般住家的階梯高度約20公分；若階梯高度高於40公分，兩膝關節上下階梯的活動範圍倍增，肌肉骨骼負荷也同時增加）。

《建議事項》

（1）說明生活與工作注意事項，示範柔軟操運動，局部熱敷，避免過度出力負荷。

（2）以「肌肉骨骼症狀調查表」追蹤評估疼痛程度。

（3）骨科與復建科門診追蹤診治，另取得最近病情

的診斷書。

（4）因慢性膝關節病變，兩膝關節彎曲活動受限，兩膝關節蹲姿彎曲引發疼痛，無法蹲姿超過1分鐘，亦無法以單腳站立過久。建議調整工作內容，或變更職務，避免蹲姿作業，避免過度出力負荷。

六、母性健康評估

【案例一】（1）根據「職場母性健康保護計畫」，評估7位員工「母性健康保護工作場所環境及作業危害」，完成「環境及作業危害評估表」與「母性健康保護面談及工作適性安排建議表」，風險等級與健康管理均為「第一級管理」。（2）針對環境及作業的可能危害因子，例如：工作性質為處理一定重量以上之重物處理作業、工作姿勢經常為重覆性之動作、工作中須長時間靜坐或久站、工作中須穿戴個人防護具或防護衣或制服，可分別採取以下預防措施：斷續性工作不可處理10公斤以上重物、適度柔軟操運動、自主起立活動放鬆肌肉與心情、換穿寬鬆的衣服。針對輪班夜班與出差，安排工作適性安排。針對獨自作業，提供無線對講機或緊急求救鈴。

【案例二】針對「職場母性保護的啟動機制」，（1）若員工請「產檢假」，或領孕婦手冊，或得知員工懷孕訊息，請知會職護，提供母性健康關懷。（2）若懷孕員工需調整工作，請知會職醫，提供工作適性評估。

七、特殊危害健康作業評估

擬訂「特別危害健康作業管理計畫」，內容包括：法源、組織與任務、流程圖、表格，舉例說明如下。

【案例一】（1）年度噪音作業特殊健檢重新分級為第四級管理1人，另以「標準聽力閾值衰減評估表」評估，並提供個別健康指導。（2）聽力檢查兩耳的「低頻三分法」平均聽力閾值小於25dB，「2k、3k、4k之變化值」兩耳均未超過10dB。衛教示範耳塞配戴，說明生活與工作注意事項，可從事目前的工作，但需減少噪音暴露的時間。若暴露噪音作業，需確實配戴耳塞或耳罩，定期聽力檢查追蹤。

特別危害健康作業管理計畫

一、前言：依據「職業安全衛生法」第21、22條與「勞工健康保護規則」，擬訂特別危害健康作業管理計畫。

二、目的：辨識與評估特別危害健康作業的危害因子，採取預防措施；辦理作業員工之健康檢查與健康管理，保護員工健康。

三、組織與任務：參考「特別危害健康作業管理流程圖」，依職責推動。

    1.雇主：（1）.指定執行者與協調者，例如：廠護、職安、人資或部門主管，規劃可調整的職務與工作場所。（2）.參考醫療建議，採取選工、配工的調整措施，例如：縮短工作時間、更換工作內容、變更作業場所等。

    2.醫療人員：（1）.規劃特殊健檢與一般健檢，分析報告與健康管理分級。（2）.健康諮詢與衛教指導。（3）.選工與配工的工作適性評估。（4）.健康管理分級通報與後續追蹤。（5）.建立健康管理之績效指標。

四、本計畫執行紀錄或文件等應歸檔留存三年以上。

五、本計畫經職業安全衛生委員會決議通過，奉總經理核定後實施，修正時亦同。

（註：本表為參考例，事業單位得依需求自行修正。）

特別危害健康作業管理流程圖

依據特殊健檢健康管理分級,提供健康指導與工作適性評估。

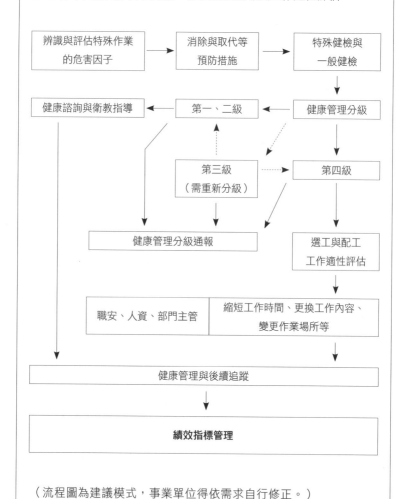

（流程圖為建議模式,事業單位得依需求自行修正。）

七

職傷案例選錄

　　「各位同仁早安，今天學會安排的題目是『常見職場肌肉骨骼傷害疾病認定與勞動權益』，這兩小時是每三年必修的職安法規學分。課堂如果只介紹法律條文，內容會非常枯燥，因此需要舉例說明。但個案討論不可涉及個人隱私或公司機密，因此最好的方式是查詢『司法院法學資料檢索系統』，挑選最高法院的判例，實例討論傷病診斷與職傷認定的流程，以及勞動權益的相關補償與賠償。」

　　以下案例值得討論，因為法官引用「職業安全衛生法」第6條第2項：雇主對「重複性作業等促發肌肉骨骼疾病」，應妥為規劃及採取必要之預防措施。違反「職業安全衛生法」即係違反保護他人之法律，如致生損害，應依「民法」第184條第2項負賠償責任。另討論（1）休養天數，（2）工作調整，（3）勞動力減損，（4）漸進式復

工，（5）過失比例……等項議題。

一、健康摘要

　　A先生39歲擔任工廠技術員，每周做五休二，工時早八晚五，中間午休一小時。工作內容包括：雙手持鉗夾取加熱長桿（長約1.19公尺、重約3公斤）放入油淬槽，再持鉗夾出。另使用T型長桿（長約3.50公尺、重約7公斤）將U型管推入加熱爐內，燒製後再拉出，雙手持鉗夾至冷卻區。另操作冷作彎管，一天約需完成430支長桿，放入鑽孔機鑽孔及使用彎管機拉出弧度。工作約4年後，左手腕不適，至C醫院就醫診斷「左手腕隧道症候群及尺神經病變」，認定為職業病，術後4個月復工，工作內容調整為目視檢測作業，需雙手翻動物件，約八個月後，雙手均感不適，V醫院診斷「右手腕隧道症候群及右手肘隧道症候群」，認定為職業病，術後須休養2個月。

　　本案勞保局送請特約專科醫師審查，評估術後3個月可恢復工作，因此准予3個月之傷病給付。A先生因此函覆公司要續請公傷假，即未回復上班。公司則以A先生連續曠職3日及違反勞動契約情節重大為由，終止勞動契約。

二、休養天數

休養是「居家休養」或「患部休養」？

若是患部休養，即可來上班，但是需要「復工評估與工作調整」，並注意交通動線安全。例如：醫院醫囑術後須休養2個月，是指從事中度工作的最佳休養天數；勞保局特約專科醫師審查評估術後3個月可恢復工作，是從事重度工作的最佳休養天數。（參考美國環境職業醫學會出版之醫療失能建議，腕隧道症候群術後的最佳休養天數，靜態工作14天、輕度工作28天、中度工作42天、重度工作42天、極重度工作56天。尺神經壓迫症術後靜態工作21天、輕度工作28天、中度工作56天、重度工作98天、極重度工作98天。）

針對「傷病給付天數」的認定，高等法院法官的見解是，勞保局特約專科醫師通常會給予較寬鬆之休養期間，以便傷病給付得以從寬認定。

三、工作調整

工作調整需考量「體能及技術」。

技術可以訓練，體能則需要評估。通常以「工作適能

評估表」評估體能，再提出建議事項，明列可勝任的作業型態或工作內容，例如：重體力勞動作業調整為輕中度工作，或縮短工作時間。

但是醫院醫師不到現場，又如何評估工作調整？

開立診斷書的醫師，可在醫囑欄位寫出「宜休養天數」之後，再加一句話「建議職場安排工作適性評估」。

漸進式復工的工作調整，可以照顧勞工健康，避免加重傷病；這也是職安法第6條第2項要求的預防措施之一。換而言之，若職傷未落實復工致生損害，亦屬過失。

四、勞動力減損

如何評估勞動能力減損，是評估從事輕度工作的失能程度，或是從事重度工作的失能程度？或者還需考量年齡、未來收入能力之因素？

高等法院法官的見解是，A先生傷後造成原工作的功能受限程度為31至40%，但若就一般靜態與輕量型事務工作，工作功能受限程度約為11至20%。並引用「民法」第193條第1項所謂減少勞動能力，指職業上工作能力一部之滅失。因此審核減少勞動能力程度，應斟酌職業、智能、年齡、身體或健康狀態等各種因素，進而判斷其減少及殘

存勞動能力之價值。高等法院法官認為V醫院關於勞動力減損之判斷係以「工作能力」為主，C醫院所評之勞動力減損則係「身體整體障礙評比後在經未來收入能力降低、職業及受傷時的年齡等因素調整後所得」。

地方法院法官採用整體工作功能減損程度約40-60%，公司應付A先生2,414,050元。高等法院法官採用「身體整體障礙評比調整」勞動能力減損7%，公司應付A先生961,466元。兩者金額差距甚大。

五、漸進式復工

員工是否可依據診斷書之建議休養天數，續請公傷假？

（1）假設公傷員工依據診斷書之休養天數，一直續請公傷假，又在公司正式通知後，仍未回復上班，公司極可能以連續曠職等原因，終止勞動契約。員工認為依據「職業災害勞工保護法[*]」第23條非有特殊情形，雇主不得預告終止與職業災害勞工之勞動契約。但法官的見解，病症經妥適治療休養後，已得回復工作，無正當理由連續曠職，公司得因此終止勞動契約。

（2）假設員工要求續請公傷假，但在公司通知後回

復上班。此時公司有個很重要的任務，就是需做復工評估與工作調整。至於誰來做，怎麼做，建議職場擬訂「復工計畫書」，說明權責分工、流程與表格、查核與改善等措施。職醫可根據員工健康狀況，評估適合的工作內容，規劃漸進式復工。有些職場另編制「員工關係專員」，擔任關懷與協調工作，萬一進入法院勞動調解程序，也能做為雙方聯繫溝通的橋梁。

六、過失比例

「職業災害勞工保護法[*]」第7條，勞工因職業災害所致之損害，雇主應負賠償責任。但雇主能證明無過失者，不在此限。

雇主如何證明無過失者？就需擬訂人因性危害預防計畫，採行措施並留存紀錄，內容包括：（1）分析作業流程、內容及動作。（2）確認人因性危害因子。（3）評估、選定改善方法及執行。（4）執行成效之評估及改善。（5）其他有關安全衛生事項。以上就是臨場健康服務的要項。

此案法官引用「職業安全衛生法」第6條第2項：雇主對「重複性作業等促發肌肉骨骼疾病」，應妥為規劃及採

取必要之預防措施，如致生損害，應負賠償責任；另認為公司已制定該項工作標準程序，員工若未遵守規範致傷，亦有過失。審酌雙方過失情節，公司、A先生應各別負擔80%、20%之過失責任。

七、後續討論

（1）「職業災害勞工保護法*」第11至17條列出職業疾病認定及鑑定的要項，是由「職業疾病認定委員會」或「職業疾病鑑定委員會」執行。另依據「職業災害勞工保護法施行細則*」第17條，勞保局亦參與審核勞工是否遭遇職業疾病，主要是由勞保局的特約專科醫師審查。

（2）醫院醫師開立診斷書時，若不確定勞工的工作型態或復工內容，可在醫囑欄位「宜休養天數」之後，再加一句「建議職場工作適性評估」。

（3）針對此案的過失比例、精神慰撫金金額、終止勞動契約，地方法院與最高法院法官的見解一致，惟有「勞動能力減損之比例」參考不同來源。

（4）對於公傷勞工的後續照顧，勞檢單位可參照勞保局的公傷名冊至職場追蹤復工狀況，瞭解是否進行工作評估與調整，以保障勞動權益。

（5）後記：「勞工職業災害保險及保護法」定自2022年5月1日施行，整合「職業災害勞通保護法[*]」與「勞工保險條例」的職業災害保險。

八

建議改善之追蹤辦理

　　建議改善的項目，需要辦理後續的查核與改進。可依據勞動部公告相關指引，並參考全球永續性報告協會（Global Reporting Initiative）的GRI 403 職業健康與安全準則，建立基本指標與進階指標，持續執行與改進（表P）。

一、如何追蹤執行成果

　　認真寫完「職場服務紀錄」之後，如何追蹤執行成果？

　　有些公司早已擬訂「勞工服務關鍵績效指標（KPI）」，但有些公司卻連各廠區的表單與文管流程都尚未統整。因此，在職場最常遇到的提問是「這些個人的

表P 職業健康安全準則與查核改善	
基本指標	
1	確診職業病個案數量。
2	勞動部公告相關指引的執行成效：（異常工作負荷促發疾病預防、人因性危害預防、工作場所母性健康保護、執行職務遭受不法侵害預防）
2.1	職業促發腦心血管疾病風險等級達2分以上之數量/比例。
2.2	肌肉骨骼傷病調查危害等級屬疑似有危害以上之數量/比例。
2.3	母性健康保護危害風險分級達第二級管理以上之數量/比例。
2.4	職場不法侵害預防之危害辨識及風險屬中度風險以上之數量/比例
進階指標	
1	消除或預防職業病之相關措施，可搭配指南其他準則主題相關措施。如GRI 403-2危害辨識與風險分級管控作為、GRI 403-3健康服務連結或其他。
2	將職業病或是職業病預防之影響換算成價值，以永續價值的概念將職安衛與財務連結。
資料來源：《GRI 403：職業健康與安全準則揭露實務建議指南2021》	

健康資料與高風險名單，以及勞工健康服務紀錄是否需要呈閱給主管或更高階？」

聽著職護的提問，職醫說出最重要的關鍵：職場健康管理的文件流程、組織架構與權責，全部寫入勞工健康服務計劃[註1]，經職安委員會討論通過，列入安全衛生工作守則。健檢報告需保護個人隱私，資料以整合方式呈現，移除個人特定資料，檔案加密。若需工作調整，則向員工說明作業環境對健康的影響，以及公司所採取之保護措施，面談清楚，員工再填寫「工作適性安排意願同意書」。

職護說，這似乎是個很艱鉅的任務，職醫說：需要列席職安委員會，向雇主報告，以及提出勞工健康服務之建議嗎？[註2]。

二、報告雇主

「主席，各位委員早安。今天列席報告這一季的臨場健康服務事項。噪音作業特殊健檢第二級管理以上有20人，其中第三級管理5人，經重新分級，第四級管理2人，以上均已提供健康指導，並完成通報，第四級者已安排縮短噪音暴露時間。詳細內容請參考勞工健康服務紀錄。」

「另說明最近公告的法規，目前已依指引擬定呼吸防

護計畫，下個月安排呼吸防護具的生理評估。」

　　「最後兩張投影片，是其他職場的職安事件，以及法院判例，可做為參考。以上報告，敬請指教。」^{註2}

註1：《勞工健康保護規則》第11條..事業單位..應依勞工作業環境特性及性質，訂定勞工健康服務計畫，據以執行。

註2：《勞工健康保護規則》第9條（八）定期向雇主報告及勞工健康服務之建議。

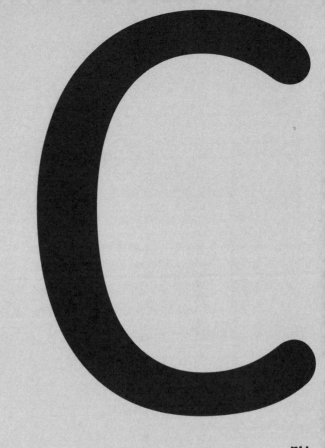

附錄

九

法規摘要

「勞工健康保護」不是因為列入法規，所以重要：是因為重要，所以列入法規。也不是因為要勞動檢查，所以重要；是因為重要，所以要勞檢。

1. 《職業安全衛生法》章節摘要 （表一）
2. 《職業安全衛生法》罰則摘要 （表二）
3. 《職業安全衛生法》預防計畫 （表三）
4. 《勞工健康保護規則》第11條「勞工健康服務計畫」（表四）
5. 《勞工健康保護規則》第9條、第10條的執行事項（表五）
6. 《勞動基準法》第84條之1工作者 （表六）
7. 選工、配工與復工的適性評估 （表七）
8. 母性健康保護的工作適性評估 （表八）

9.特殊危害健康作業的工作適性評估 （物理檢查）
（表九）

10.特殊危害健康作業的工作適性評估 （特殊檢查）
（表十）

表一 《職業安全衛生法》章節摘要		
一（1-5）	總則	2：工作者、勞工、雇主、事業單位、職業災害
二（6-22）	安全衛生設施	6.2：規劃及採取安全衛生措施（肌肉骨骼、異常工作負荷、身心） 10-15：危害性之化學品（10：安全資料表，11：評估風險等級） （12：容許暴露標準，13：新化學物質，14：管制性化學品、優先管理化學品，15：製程安全評估），16：危險性之機械或設備 20：體格檢查，健康檢查 21：變更其作業場所、更換工作或縮短工作時間 22：僱用或特約醫護人員
三（23-34）	安全衛生管理	23：職業安全衛生管理計畫；安全衛生組織,人員，25-28：共同作業29：未滿十八歲者， 30：妊娠中之女性，分娩後未滿一年之女性 31：母性健康危害分級管理 32：安全衛生教育及訓練 34：安全衛生工作守則
四（35-39）	監督與檢查	36：勞動檢查，37：八小時內通報（死亡災害、罹災人數三人以上、罹災人數一人以上且需住院、其他中央指定公告）
五（40-49）	罰則	43,45：經通知限期改善，屆期未改善者，（44：並得按次處罰），三萬～十五萬元；40：處三年以下有期徒刑或併科三十萬元以下
六（55-55）	附則	51：工作場所負責人指揮或監督從事勞動之人員，健檢不在此限。

表二 《職業安全衛生法》罰則摘要		
職安法	**總則**	**罰則**
第41條	第6-1條、第16-1條，+（致災害） 第18-1、29-1、30-1,2、37-4條	<1年 或（併）<18萬
第43條	第10-1、11-1、23-2條	（通知限期改善，屆期未改善）* 3-30萬
第43條	第6-1、12-1,3、14-2、16-1、 19-1、24、31-1,2、37-1,2條	3-30萬
第43條	第6-2條+（致發生職業病）	3-30萬
第44條	第7-3、10-2條	3-15萬（第7-3條：登錄）
第44條	第7-1、8-1、13-1、14-1**條	20-200萬（限期停止產製）
第44條	第7-3、9-1條	3-30萬（第7-3條：標示）
第44條	第7-3、9-1條	10-100萬（限期收回）
第45條	第6-2、12-4、20-1,2、21-1,2、 22-1、23-1、32-1、34-1、38條	（通知限期改善，屆期未改善）* 3-15萬
第45條	第17、18-3、26、27、28、29-3、 33、39-4條，第36-1條	3-15萬

* 通知限期改善，屆期未改善。

**第14-1條：管制性化學品，第14-2條：優先管理化學品

表三　職業安全衛生法預防計畫			
預防計畫	職業安全衛生法	施行細則	*職業安全衛生設施規則
1.人因性危害	第6條		*第324-1條
2.異常工作負荷	第6條		*第324-2條
3.身心不法侵害	第6條	11	*第324-3條
4.職場母性保護	第30,31條	39	
5.呼吸防護計畫			*第277-1條
6.感染預防計畫			*第297-1條
7.聽力保護計畫			*第300-1條
勞工健康服務計畫書（包括上述1-7）		勞工健康保護規則第11條	
職業安全衛生管理計畫	第23條	職業安全衛生管理辦法第12-1條	

	1. 人因性危害	2. 異常工作負荷	3. 身心不法侵害		4. 職場母性保護
P	* 第 324-1 條	* 第 324-2 條	* 第 324-3 條	**11	
D	一、分析作業流程、內容及動作	一、辨識及評估高風險群	一、辨識及評估危害（表1）		一、作業危害評估（表1）
D	+（a.自覺症狀） +（b.肌肉骨骼症狀調查表） +（c.關節活動） +（d.姿勢：距離,視角） +（e.人因危害評估表）	+（1.健檢資料） +（2.過勞量表） +（3.「勞工健康照護資訊平台weCare） +（4.工作型態之工作負荷評估表）	二、適當配置作業場所（表2）		二、健康情形自我評估（表2）
D			三、依工作適性適當調整人力（表3）		三、風險危害分級
D	二、確認人因性危害因子	二、安排醫師面談及健康指導	四、建構行為規範（表4）		四、工作適性評估建議表（表3）
D	+（e.人因危害評估表）	三、調整或縮短工作時間及更換工作內容之措施	五、辦理危害預防及溝通技巧訓練（表5）		五、健康保護面談及工作適性安排建議表
C A	三、評估、選定改善方法及執行	四、實施健康檢查、管理及促進	六、建立事件之處理程序（表6）		
C A	四、執行成效之評估及改善	五、執行成效之評估及改善	七、執行成效之評估及改善（表7）		六、母性健康保護執行紀錄表
C A	五、其他有關安全衛生事項	六、其他有關安全衛生事項	八、其他有關安全衛生事項		

表四 《勞工健康保護規則》第11條「勞工健康服務計畫」

* 職業安全衛生設施規則，** 職業安全衛生法施行細則

表五　《勞工健康保護規則》第 9 條、第 10 條的執行事項	
A. 危害評估與健康指導	
第 9 條（六）	健康教育、衛生指導、身心健康保護、健康促進等措施之策劃及實施。
第 9 條（八）	定期向雇主報告及勞工健康服務之建議。
第 10 條（一）	辨識與評估工作場所環境、作業及組織內部影響勞工身心健康之危害因子，並提出改善措施之建議。
第 10 條（二）	提出作業環境安全衛生設施改善規劃之建議。
第 10 條（三）	調查勞工健康情形與作業之關連性，並採取必要之預防及健康促進措施。
B. 傷病諮詢與健康管理	
第 9 條（七）	工作相關傷病之預防、健康諮詢與急救及緊急處置。
第 9 條（一）	勞工體格（健康）檢查結果之分析、評估、健康管理及資料保存。
第 9 條（五）	職業衛生或職業健康之相關研究報告及傷害、疾病紀錄之保存。
第 9 條（三）	辦理健康檢查結果異常者之追蹤管理及健康指導。
第 9 條（四）	辦理未滿十八歲勞工、有母性健康危害之虞之勞工、職業傷病勞工與職業健康相關高風險勞工之評估及個案管理。
C. 工作適性評估與職務再設計	
第 9 條（二）	協助雇主選配勞工從事適當之工作。
第 10 條（四）	提供復工勞工之職能評估、職務再設計或調整之諮詢及建議。

表六　勞動基準法第 84 條之 1 工作者			
1	事業單位首長、主管及獲配車之駕駛	15	建築師事務所工地監造人員
3	資訊服務業主管*，系統研發工程師與維護工程師**	16	台北市新聞處隨同市長之攝影技工及採訪車駕駛、工務局養護工程處抽水站操作人員。國防部非軍職保防員。
4	法律服務業主管*，以及法務人員**		
6	廣告業僱用之經理級以上人員*	18	電視業發射站、中繼站及轉播站等外站台工作人員。公營事業國會聯絡員
7	會計服務業會計助理人員**		
8	航空公司空勤組員（前艙與後艙人員）	19	室內設計裝修業工地監造人員
9	保全業之保全人員、電腦管制中心監控人員、經理級以上人員*	21	立法院秘書長辦公室工友
		22	營造業工地監造人員
10	保險業之外勤人身保險業務員依保險業務員管理規則領有登錄證者	23	建築及工程技術服務業監造人員
		24	各縣、市抽水站操作人員
11	房屋仲介業不動產經紀人員（含主管）	26	立法院立法委員公務座車駕駛
13	社會福利服務機構之輔導員（含保育員、助理保育員）、監護工	27	交通部港務局港勤作船舶之拖船船員
14	中央銀行首長隨扈。立法院院長、副院長辦公室之技工、工友。外交部協助接待外賓之技工、工友。考選部闈內工作之人員。法務部及所屬機關特種車輛駕駛	28	廣播業之發射台、轉播台等擔任輪值班務之工務人員
		29	生物技術服務業（IG）研發人員
		32	事業單位自行僱用之警衛人員

表六　勞動基準法第 84 條之 1 工作者			
33	學術研究及服務業研究人員**/****	42	殯葬服務業之禮儀服務人員
34	依畜牧法規定執行家畜禽屠宰衛生檢查之人員	43	旅行業之導遊及領隊人員
35	會計服務業僱用之會計師	44	事業單位僱用每月工資達新臺幣十五萬元以上之監督管理人員*
36	電影片製作業燈光師、燈光助理、攝影師、攝影助理、電工人員與專責拍攝現場升降機操作及軌道架設工作者	45	漁船船員
38	國發會駐外技術團農林漁牧業工作者	46	醫療保健服務業僱用之住院醫師（不包括公立醫療院所依公務人員法制進用者）
39	法律服務業僱用之律師	47	商港碼頭船舶貨物裝卸承攬業之車機操作員、地勤作業員、配艙作業員、解繫固作業員、車機維修員
40	依教育法規辦理考試之闈內人員		
41	稻穀收穫期從事稻穀之檢驗收購或烘乾作業之人員	48	船務代理業之責任監督管理人員

勞動基準法施行細則第50-1條。（勞基法第84條之1第1項第1款、第2款所稱監督、管理人員、責任制專業人員、監視性或間歇性工作）：

一、監督、管理人員：係指受雇主僱用，負責事業之經營及管理工作，並對一般勞工之受僱、解僱或勞動條件具有決定權力之主管級人員*。

二、責任制專業人員：係指以專門知識或技術完成一定任務並負責其成敗之工作者**。

三、監視性工作：係指於一定場所以監視為主之工作***。

四、間歇性工作：係指工作本身以間歇性之方式進行者****。

表七　選工、配工與復工的適性評估		
職業安全衛生法──新興職業疾病（預防）		
一	重複性作業促發肌肉骨骼疾病	
二	異常工作負荷促發疾病	
三	執行職務遭受不法侵害	
職業安全衛生法──特殊族群健康（保護）		
（1）	未滿十八歲勞工	選工、配工
（2）	女性勞工母性保護	選工、配工
（3）	特別危害健康作業者	選工、配工
（4）	中高齡	選工、配工
（5）	職災勞工	復工

表八　母性健康保護的工作適性評估				
女性勞工母性健康保護實施辦法 2020.9.16				
風險等級	第 9 條	第 10 條	第 11 條	
危險有害工作	從事第 3 或 5 條第 2 項工作者	第 4 條	從事第 3 或 5 條第 2 項工作者	
第一級管理	1. 作業場所空氣中暴露濃度低於容許暴露標準 1/10。 2. 第 3 條或第 5 條第 2 項之工作或其他情形，經醫師評估無害母體、胎兒或嬰兒健康。	血鉛 <5 μg/dl		經採取母性健康保護，醫師評估可繼續從事原工作，並向當事人說明危害資訊，經當事人書面同意後，始得為之。
第二級管理	1. 作業場所空氣中暴露濃度在容許暴露標準 1/10 ～ 1/2。 2. 第 3 條或第 5 條第 2 項之工作或其他情形，經醫師評估可能影響母體、胎兒或嬰兒健康。	血鉛 5 ～ <10 μg/dl	雇主應使醫師提供勞工個人面談指導，並採取危害預防措施。	
第三級管理	1. 作業場所空氣中暴露濃度在容許暴露標準 >1/2。 2. 第 3 條或第 5 條第 2 項之工作或其他情形，經醫師評估有危害母體、胎兒或嬰兒健康。	血鉛 >10 μg/dl	應即採取工作環境改善及有效控制措施，完成改善後重新評估，並由醫師註明其不適宜從事之作業與其他應處理及注意事項。	應依醫師適性評估建議，採取變更工作條件、調整工時、調換工作等母性健康保護。

表九　特殊危害健康作業的工作適性評估（物理檢查）

特別危害健康作業			檢查類別代號
既往歷，物理檢查	皮膚	高溫、游離輻射、二硫化碳、三氯乙烯（四氯乙烯）、二甲基甲醯胺、正己烷、鈹及其化合物、氯乙烯、二異氰酸甲苯（二異氰酸二苯甲烷，二異氰酸異佛爾酮）、砷及其化合物、黃磷、聯吡啶或巴拉刈、粉塵、鉻酸及其鹽類、鎳及其化合物、汞及其化合物 、溴丙烷、1,3- 丁二烯、甲醛、銦及其化合物	1,3,9,10, 11,12,14, 15,17, 19,21, 22,23,24,26, 27,28,29, 30,31
	呼吸系統	高溫、游離輻射、氯乙烯、二異氰酸甲苯（二異氰酸二苯甲烷，二異氰酸異佛爾酮）、砷及其化合物、錳及其化合物、粉塵、鉻酸及其鹽類、鎳及其化合物、汞及其化合物、甲醛、銦	1,3,15,17, 19, 20,23,24, 26,27,30,31
	神經系統	高溫、游離輻射、鉛、四烷基鉛、四氯乙烷、二硫化碳、三氯乙烯（四氯乙烯）、砷及其化合物、錳及其化合物、鎳及其化合物、汞及其化合物、溴丙烷	1,3,5,6,7, 9,10,19, 20,26,27, 28
	精神	汞及其化合物	27
	心臟血管系統	高溫、游離輻射、四烷基鉛、二硫化碳、三氯乙烯（四氯乙烯）、二甲基甲醯胺	1,3,6,9,10, 11
	口腔牙齒	鉛、鎘及其化合物	5,25
	耳道	噪音、異常氣壓	2,4
	鼻腔	鉻酸及其鹽類、鎳及其化合物、汞及其化合物	24,26,27
	眼睛	汞及其化合物	27
	甲狀腺	游離輻射	3
	胃腸，體重	鎘及其化合物、鎳及其化合物、汞及其化合物	25, 26,27

表十 特殊危害健康作業的工作適性評估（特殊檢查）

特別危害健康作業			類別代號
特殊檢查	尿液（尿蛋白，尿潛血）（尿沉渣鏡檢）	高溫、游離輻射、鉛、四烷基鉛、四氯乙烷、四氯化碳、二硫化碳、三氯乙烯（四氯乙烯）、聯苯胺及其鹽類等、砷及其化合物、鎘及其化合物、鎳及其化合物、汞及其化合物	1,3,5,6,7,8,9,10,13,19,25,26,27
	腎功能（Cr）	高溫、游離輻射、鎳及其化合物、汞及其化合物	1,3,26,27
	肝功能（GPT ,GGT）	游離輻射、四氯乙烷、四氯化碳、二硫化碳、三氯乙烯（四氯乙烯）、二甲基甲醯胺、氯乙烯、砷及其化合物、黃磷、溴丙烷	3,7,8,9,10,11,15,19,21,28
	血液（CBC）（＋DC）	高溫、游離輻射、鉛、苯、砷及其化合物、黃磷、鎳及化合物、汞及化合物、溴丙烷、1,3-丁二烯、甲醛	1,3,5,16,19,21,26,27,28,29,30
	血糖 , 電解質	高溫	1
	甲狀腺功能	游離輻射	3
	胸部X光	游離輻射、異常氣壓、鈹及其化合物、氯乙烯、石綿、砷及其化合物、錳及其化合物、粉塵、（鉻酸及其鹽類）、鎳及其化合物、汞及其化合物、溴丙烷、甲醛、鈷及其化合物＋（體格檢查）二異氰酸甲苯（二異氰酸二苯甲烷，二異氰酸異佛爾酮）	3,4,14,15,18,19,20,23,24,26,27,28,30,31 + 17
	肺功能	高溫、游離輻射、異常氣壓、鈹及其化合物、二異氰酸甲苯（二異氰酸二苯甲烷，二異氰酸異佛爾酮）、石綿、鎘及其化合物、鎳及其化合物、甲醛、鈷及其化合物	1,3,4,14,17,18,25,26,30,31
	心電圖	高溫、二硫化碳	1,9

九歌文庫1367

職場健康紀錄500句型

作　　　者	楊慎絢
責 任 編 輯	鍾欣純
創 辦 人	蔡文甫
發 行 人	蔡澤玉
出 版 發 行	九歌出版社有限公司
	臺北市八德路3段12巷57弄40號
	電話／25776564傳真／25789205
	郵政劃撥／0112295-1
九歌文學網	www.chiuko.com.tw
印　　　刷	晨捷印製股份有限公司
法 律 顧 問	龍躍天律師・蕭雄淋律師・董安丹律師
初　　　版	2021年12月
定　　　價	250元
書　　　號	F1367
I S B N	978-986-450-376-6

（缺頁、破損或裝訂錯誤，請寄回本公司更換）

國家圖書館出版品預行編目（CIP）資料｜職場健康紀錄500句型／楊慎絢
著. -- 初版. -- 臺北市：九歌出版社有限公司，2021.12｜128面；14.8×21
公分. --（九歌文庫；1367）｜ISBN 978-986-450-376-6（平裝）｜1.職業
衛生 2.勞工衛生 3.勞工安全｜556.83｜110018224